Richard Scarry

Mein allerschönstes Bastel- Mal- Ausschneide- und Spiel-Buch

Weißt du auch manchmal nichts mehr anzufangen? Es gibt ja solche Stunden. Dann nimm dies Buch und bastle dir was! Du kannst dir Spielsachen und Spiele, Schmuck, Masken und Kalender und viele andere Sachen machen. Für das meiste brauchst du nur Schere und Leim oder Klebband. Zu jeder Bastelarbeit gibt es genaue Anleitungen. Egon und Ulrich, Willi, Bobby und Spitzl, die du bestimmt schon aus dem Scarry-Buch »Mein allerschönstes Buch für Regentage« kennst, haben gerade angefangen. Mach mit!

KOMM, ICH KLEB MICH BEI DIR AN!

KLEBBAND

LEIM

7. Auflage 1991
© 1978 by Richard Scarry. Die Originalausgabe erschien unter dem Titel „Best Make-it Book Ever" bei Random House Inc., New York. Alle deutschen Rechte vorbehalten. © 1978 Delphin Verlag GmbH, Köln. Printed in Spain. ISBN 3.7735.5033.2

Delphin Verlag

Ein paar Tips, bevor es richtig losgeht

Für die meisten Sachen in diesem Buch brauchst du, wie gesagt, eine Schere und Leim oder Klebband. Hier und da kann aber auch noch etwas anderes nötig sein, wie Farben oder Schnur, auch wird gebacken und genäht. Alles Notwendige sollte sich aber bei dir zu Hause finden lassen. Fehlt wirklich einmal etwas, so ist es im nächsten Laden bestimmt zu haben. Zu jeder Arbeit gibt es eine genaue Anleitung. Dort steht auch, was jeweils noch gebraucht wird.

Für manche Arbeiten trennst du die Seite besser aus dem Buch, bevor du anfängst. Wo es etwas auszumalen gibt, kannst du die Farben nehmen, die dir am besten gefallen. Manche Filzstifte färben allerdings so stark, daß die Farbe auch durch dieses Papier schlägt. Probier hier am Rand: Sieht man vorne was?

Beim Malen mit Wasserfarben wird Papier immer etwas wellig, auch dieses hier. Darum heftest du die rausgetrennte Seite vor dem Malen am besten mit Klebband auf einen Karton oder eine Tafel. Das fertige Bild muß gut trocknen, bei feuchtem Wetter sogar über Nacht, bevor es wieder abgelöst wird.

Zuerst das Inhaltsverzeichnis, damit du weißt, was du wo findest:

Geschichten
Herzensgrüße   Seite 19
Fasnacht   Seite 24
In Schaffenau   Seite 35
Egon wächst   Seite 49
Weihnachten   Seite 57
Der freche Lebkuchen   Seite 77
Egons Geburtstag   Seite 86

Selbstgemachte Bücher
Farbenbuch   Seite 6
Egonbuch   Seite 30

Noch mehr Geschichten
Egons Abenteuer   Seite 97
Mimmi Maus   Seite 105
Fingerpuppenspiel   Seite 125
Ostern   Seite 129
Fernsehen   Seite 136

Bilder anmalen
Seite 11, 23, 29,
102, 110, 113, 135

Spiele
Mutter ruft, drum schnell nach Haus!   Seite 12
Es brennt! Schon kommt die Feuerwehr!   Seite 12

Ausschneidesachen
Schaffenau   Seite 38
Autos, Autos!   Seite 117

Fasnachtsmasken
Seite 25

Schmuck
Seite 143

Hubschrauberhasen
Seite 141

Bohnenstangenmeßlatte
Seite 50

Kalender
Seite 69

Backen
Lebkuchen   Seite 80
Lebkuchenguß   Seite 85
Tortencreme   Seite 88

Geburtstag
Einladungskarten   Seite 89
Tortenverzierung   Seite 90

Ostern
Eierbecher   Seite 130
Karten   Seite 130

Ich mag dich!

Herzensgruß
Seite 20

Nähen
Puppen-Egon   Seite 100
Mimmi Maus   Seite 108
Handpuppe   Seite 114

Fingerpuppen
Seite 126

Scarryvision
Seite 137

Weihnachtsschmuck
Anhänger   Seite 58
Kette   Seite 65

Du machst dir ein Bilderbuch. Es heißt

Mit Farben weiß Herr Ferk Bescheid

1. Auf den nächsten vier Seiten sind die Blätter für ein Bilderbuch, das du selber fertig ausmalen kannst. Auf jeder Seite steht, was zu tun ist.

2. Wenn du die beiden Blätter für dein Buch rausgetrennt hast, mußt du sie entlang der schwarzen Linie auseinanderschneiden.

3. Jetzt hast du vier Teile. Falte jedes bei der gestrichelten Linie, und zwar so, daß die Seitenzahlen 1, 3, 5, 7 oben sind. Egon macht es dir vor.

4. Schiebe nun wie Egon die Seiten ineinander. Stimmt es?

5. Die Seiten müssen zusammengeheftet werden:

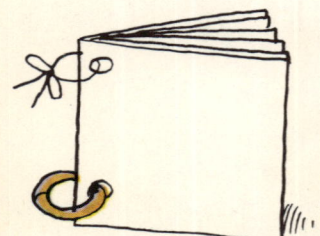

Entweder lochst du sie und ziehst Schnur oder Heftringe durch die Löcher,

oder du faßt sie mit einem passenden Gummibändchen

oder mit Schnur oder einem Band zusammen.

Du kannst auch Heftklammern

oder Büroklammern nehmen.

Jetzt ist dein selbstgemachtes Bilderbuch fertig!

①

Mit Farben weiß Herr Ferk Bescheid

Ein Farbenbuch ausgemalt von

Inger Nissen (Dein Name)

③

»Hier brauchen wir viel Gelb«, überlegt Herr Ferk. »Denn außer Bobbys Bananomobil ist sonst noch einiges gelb.«

⑯

Harrys Kleider sollen regenbogenbunt werden.
»Vielen Dank für deine Malhilfe«, sagt Herr Ferk. »Jetzt verstehst du auch schon etwas von Farben, nicht wahr?«

⑭

Wenn du roter Farbe ein ganz kleines bißchen Schwarz zufügst, wird sie ziegelrot. Aus ziegelroten Ziegeln ist das Haus gebaut.

② Herr Ferk hat wieder einmal viel zu tun. Natürlich versteht er etwas von Farben. »Die Feuerwehr wird rot, du kannst mir helfen«, sagt er zu Ulrich. Du hilfst sicher mit.

④ Das Haus von Mimmi Maus wird blau. Aber Vorsicht, damit die Farbe nicht auf den Rasen tropft.

⑬ Der Klacks war zu groß. Nun quillt der Senf aus dem Brötchen und bekleckert Herrn Grunz von oben bis unten mit »senfgelben« Flecken.

⑮ Mischst du in Grün ein kleines bißchen Schwarz, wird es olivgrün. Olivgrün brauchst du für das Gürkchenauto.

⑤

Rot und Gelb gibt Orange, aber das weißt du sicher schon. Die alte Lok könnte orange werden und rote Räder haben.

⑦

Herr Borstel ist in den roten und blauen Farbeimer gerasselt! Weil Rot und Blau zusammen Violett gibt, wird Herr Borstel ganz violett.

⑫

Rot und Weiß gibt Rosa für die rosa Rose.

⑩

Hier fehlt der weiße Schneemann für Ulrich mit Kohlenaugen und Kohlenmund, mit schwarzem Hut auf dem Kopf und einer Mohrrübe als Nase mitten im Gesicht.

Aus Gelb und Blau wird Grün. Darüber muß Ulrich immer wieder staunen. Du auch? Mal das Flugzeug grün an.

Herr Ferk malte gerade mit Gelb und Rot und Blau, da krachte die Leiter! Alle Farben vermischten sich. Es wurde Braun daraus für einen braunen Traktor.

Schwarz und Weiß gemischt wird Grau. Das graue Boot bekommt einen weißen Mittelstreifen und einen schwarzen Kiel.

Der unglückselige Herr Borstel ist in einen schwarzen Farbtopf getreten. Nun spritzt die Farbe *überall* hin! Male das mal.

Herr Ferk hat für dich
noch ein schönes Bild
zum Ausmalen.
Wäre ein rotes Motorrad
nicht hübsch?

Selbstgebastelte Spiele

Du kannst dir hier auf einen Schlag zwei Spiele basteln. Schneide Spielfiguren und »Würfel« auf Seite 13 entlang der schwarzen Linien aus, falze sie entlang der gestrichelten Linien und klebe die Laschen mit Leim oder Klebband fest, wie es die kleine Skizze mitten auf Seite 13 zeigt.

Die Seiten 15 und 17 mußt du raustrennen und so zusammenkleben, wie es dir die nebenstehende Skizze zeigt. Dann hast du auf der Vorderseite das »Spielbrett« für das 1. Spiel und auf der Rückseite das »Spielbrett« für das 2. Spiel.

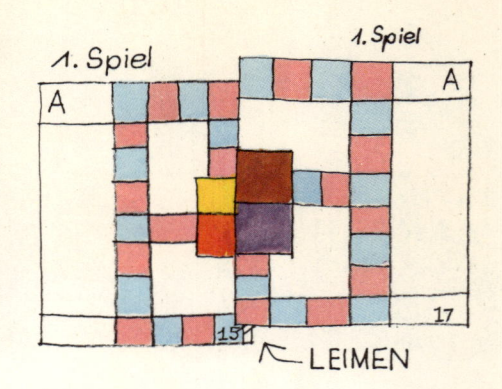

Spielregeln für das 1. Spiel

Mutter ruft, drum schnell nach Haus!

1. Jeder Spieler (Häschen, Schweinchen, Kätzchen und Füchslein) stellt sich auf seinen eigenen Startplatz.
2. Im Uhrzeigersinn wird gewürfelt, Häschen darf immer zuerst. (Wie man würfelt, steht hier unten.) Jeder darf aber erst dann losziehen, wenn er eine 3 oder eine 4 gewürfelt hat.
3. Im Uhrzeigersinn wandert jeder Spieler um das Spielbrett herum, bis er bei sich zu Hause angekommen ist und erfährt, warum die Mutter gerufen hat.
4. Kommen zwei Spieler auf ein Feld, muß der, der zuerst dort war, 2 zurück und 1 x aussetzen.
5. Hier und da gibt es auf den Feldern Belohnungen oder Strafen, denen man folgen muß.
6. Wer zuerst zu Hause ist, hat gewonnen. Die anderen spielen weiter, bis auch sie bei ihrer Mutter angekommen sind und fragen können, warum sie gerufen hat.

Hilf mir zählen, Egon!

Spielregeln für das 2. Spiel

Es brennt! Schon kommt die Feuerwehr!

1. Alle Feuerwehrmänner laufen beim Spritzenhaus los.
2. Alle würfeln. Wer die höchste Augenzahl gewürfelt hat, fängt an. Die anderen folgen in der Reihenfolge der gewürfelten Augen (wie man würfelt, steht hier unten).
3. Nun geht es los. Jeder würfelt der Reihe nach und läßt seinen Feuerwehrmann je nach Augenzahl die Straße entlangeilen.
4. Es macht nichts, wenn mehrere Feuerwehrmänner auf einem Feld stehen, aber
5. den Belohnungen oder Strafen auf den einzelnen Feldern muß man folgen, wenn man darauf landet.
6. Wer zuerst am brennenden Haus ankommt, löscht das Feuer. Er hat gewonnen, und das Spiel ist aus.

So wird gewürfelt:

Nimm alle drei Würfelmarken in die geschlossene Hand. Dreh die Hand nach unten, öffne sie und lasse die »Würfel« fallen. Zähle die Augen. Rücke auf dem Spielbrett so viele Felder weiter, wie du Augen gewürfelt hast.

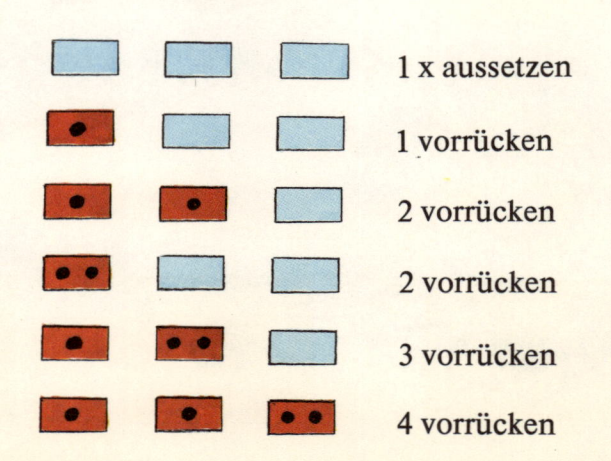

⬜	⬜	⬜	1 x aussetzen
🟥•	⬜	⬜	1 vorrücken
🟥•	🟥•	⬜	2 vorrücken
🟥••	⬜	⬜	2 vorrücken
🟥•	🟥••	⬜	3 vorrücken
🟥•	🟥•	🟥••	4 vorrücken

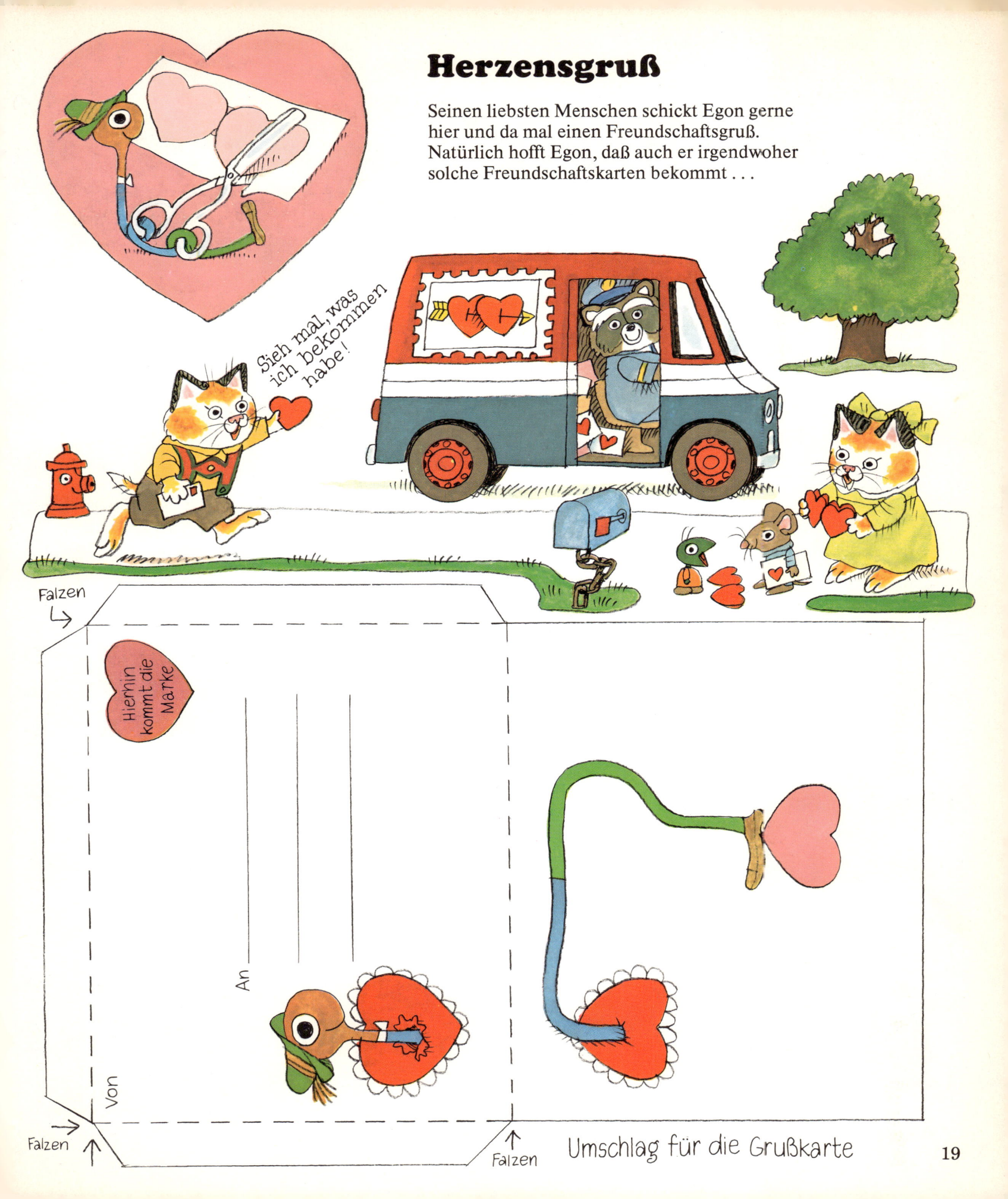

Herzensgruß

Seinen liebsten Menschen schickt Egon gerne hier und da mal einen Freundschaftsgruß. Natürlich hofft Egon, daß auch er irgendwoher solche Freundschaftskarten bekommt...

Sieh mal, was ich bekommen habe!

Falzen →

Hierin kommt die Marke

An

Von

Falzen ↑   Falzen ↑   Umschlag für die Grußkarte

... und manchmal gehen seine Wünsche in Erfüllung!
Brieftäger Stempel hat dann schwer zu tragen.

Mannomann!

Willst du auch solche Grüße verschicken? Egon zeigt dir, wie er einen Superherzensgruß bastelt.

Du mußt die Doppelherzen auf Seite 21 ausschneiden, bei der gestrichelten Linie falzen und wie Egon ineinanderschieben.

Mit einem Stückchen Band bindest du die Seiten wie ein kleines Buch zusammen und schreibst deinen Namen auf die Rückseite.

Schneide den Umschlag auf Seite 19 aus, lege das Herz hinein, klebe ihn an den Laschen zu, schreibe die Adresse darauf, vergiß die Marke nicht und wirf ihn in den Briefkasten.

leimen

zuletzt leimen

leimen

und ein Auto
hätt', das rollte,

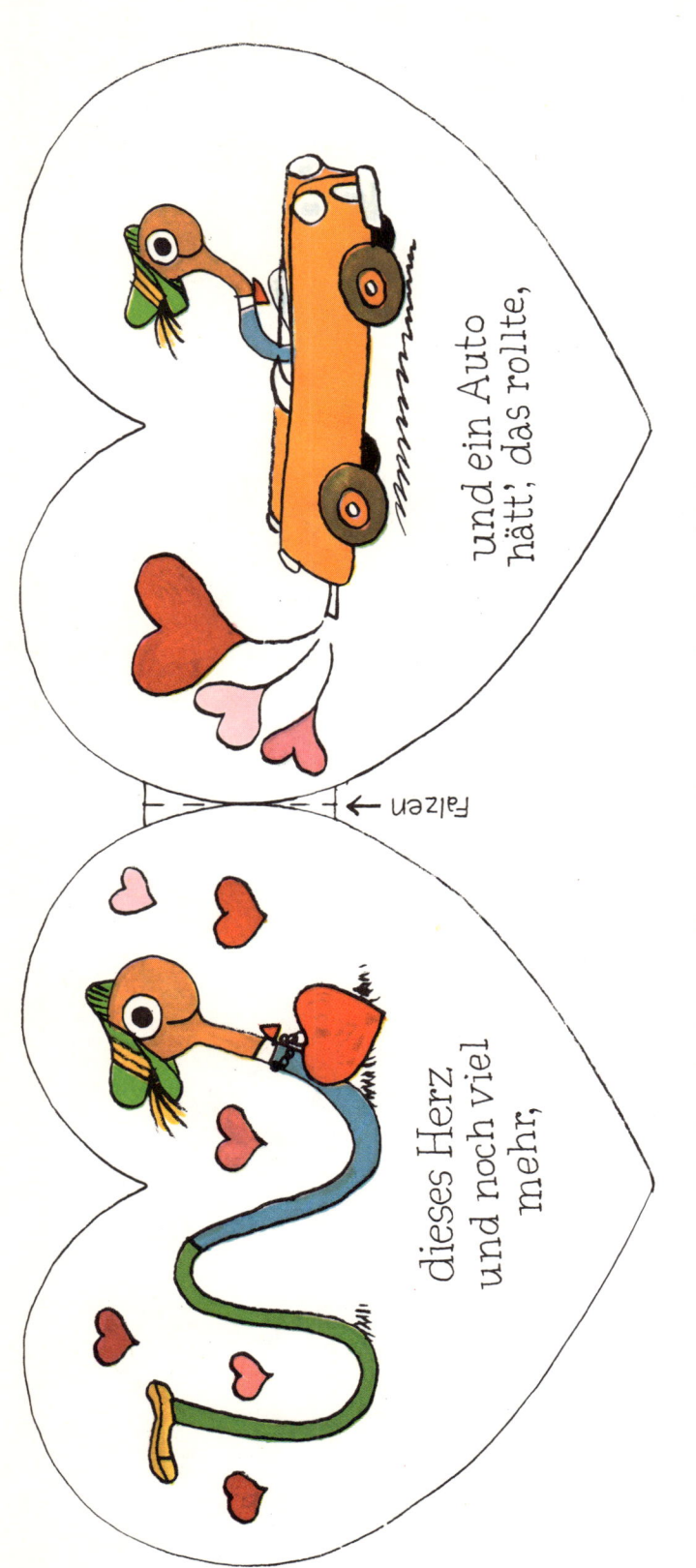

← Falzen

dieses Herz
und noch viel
mehr,

Die Bastelanleitung für diesen Herzensgruß steht auf Seite 20.

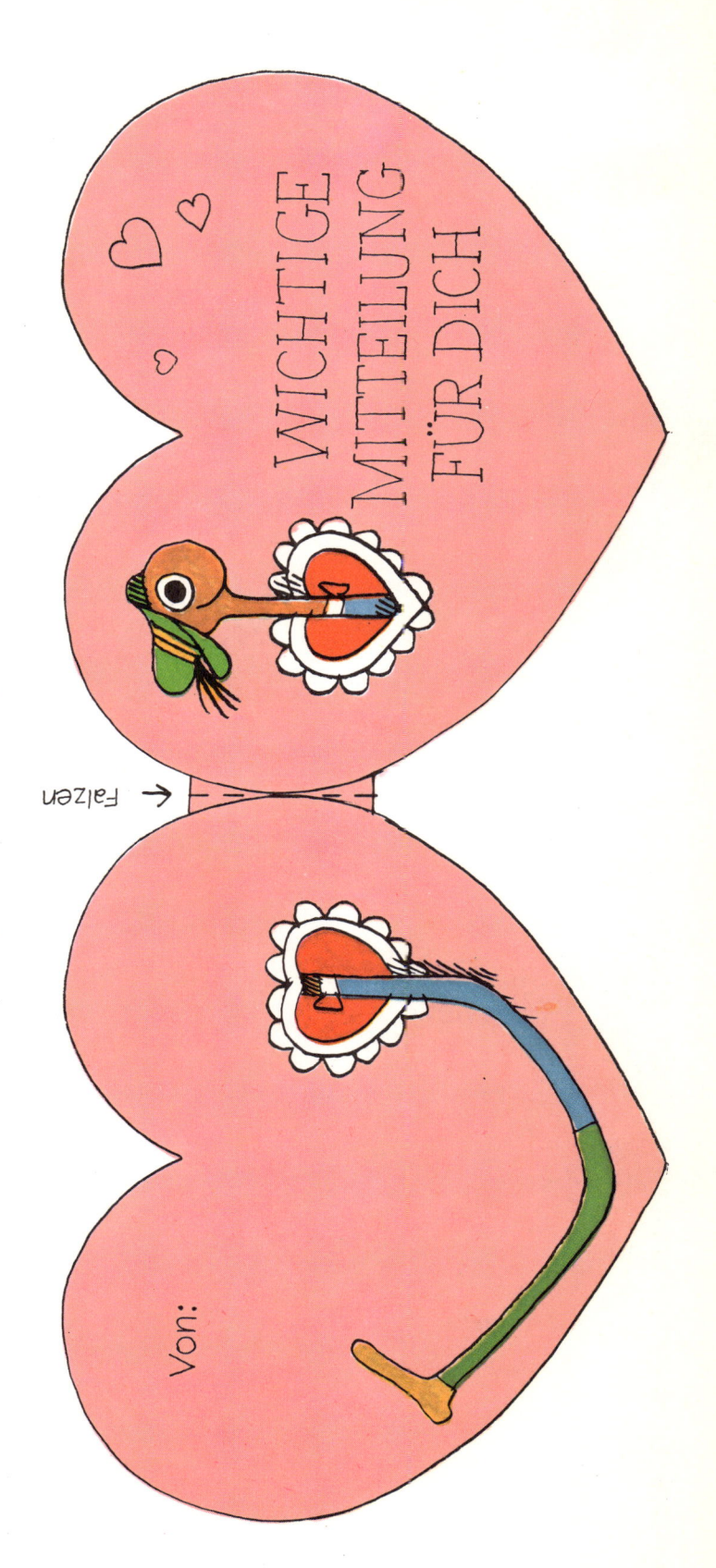

WICHTIGE MITTEILUNG FÜR DICH

Falzen →

Von:

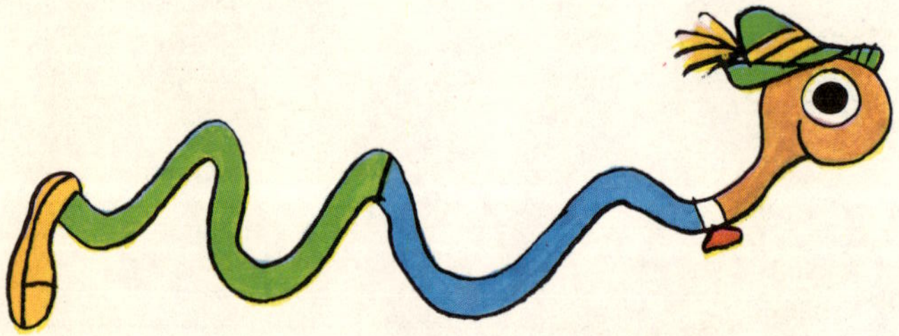

Wenn ich könnte, wie ich wollte

würd' ich mich durch alles wringen

und Dir gerne selber bringen

FÜR DICH

denn ich mag Dich wirklich sehr!

Noch ein großes Bild zum Anmalen
für dich von Herrn Ferk!
Egon und Ulrich laufen über eine Wiese,
die natürlich grün werden muß.

Fasnachtsmasken

Zu Fasnacht setzt man Masken auf. Niemand erkennt einen, man darf alle erschrecken und mit Konfetti bewerfen.

Willi hat sich eine Fuchsmaske gemacht und sich dazu ein fuchsrotes Tuch umgehängt.

Werner sieht fast wie eine Eule aus mit seiner Eulenmaske.

Werner und Willi treffen sich, als es draußen schon dunkel ist. Beide schreien vor Schreck, als sie sich sehen, und rennen nach Hause.

Atemlos reißt sich Willi die Maske vom Gesicht und ruft seinen Freund Werner an: »Mir ist etwas Schreckliches passiert, ich habe eine Hörnereule gesehen!«
»Und mir ist eben ein Fuchs mit komischen Ohren begegnet. Ich bin fürchterlich erschrocken!« flüstert Werner.

Verkleide dich aber nicht zu grauslich, wie zum Beispiel Egon hier. Wie gut, daß Werner und Willi ihn nicht gesehen haben!

Willis Fuchsmaske oder Werners Eulenmaske kannst du dir auch machen. Oder mache sie beide und verschenke die eine. Vorlage und Anleitung findest du auf den Seiten 25 und 27. Ein Stück Stoff oder eine Decke zum Umhängen hat deine Mutter sicher, du mußt sie aber fragen und nicht einfach etwas nehmen.

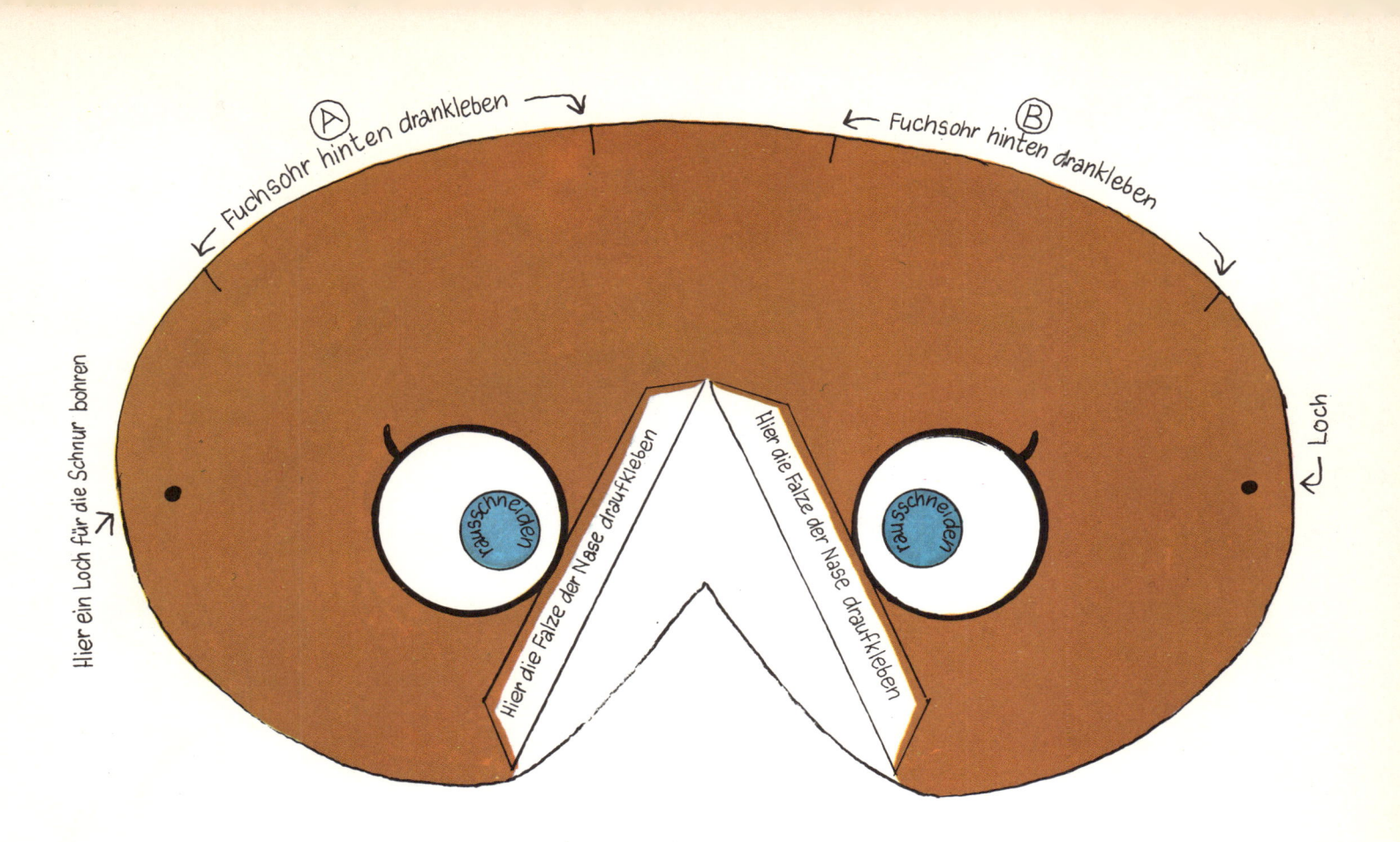

Die Anleitung für die Masken steht auf Seite 27.

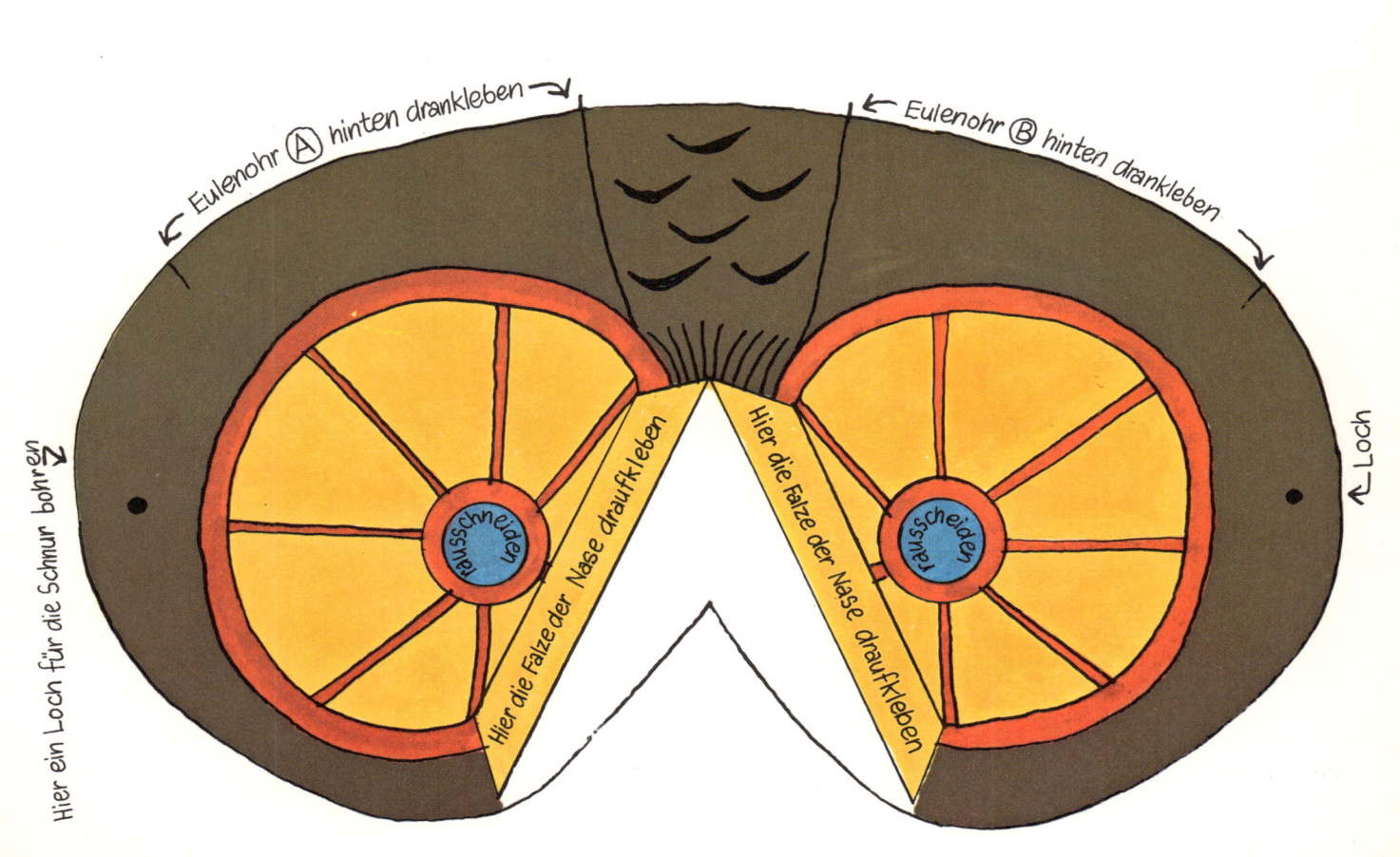

25

Schneide die Masken lieber auf der Vorderseite aus.

Bastelanleitung für die Fasnachtsmasken

Du mußt zuerst alle Teile auf dieser Seite und auf Seite 25 ausschneiden. Damit du sehen kannst, wenn du die Maske aufhast, mußt du die blauen Augen ausschneiden, wie es dir die Skizze hier links zeigt. Klebe Nase und Ohren an, bohre vorsichtig mit einem spitzen Bleistift Löcher an den Seiten und ziehe die Schnur zum Umbinden der Maske durch.

Leimen Ⓑ / Eulenohren / Leimen Ⓐ

Fuchsohr Ⓐ — Leimen Ⓐ

Fuchsohr Ⓑ — Leimen Ⓑ

Nase für Fuchsmaske — Leimen / Falzen

Nase für Eulenmaske — Leimen / Falzen

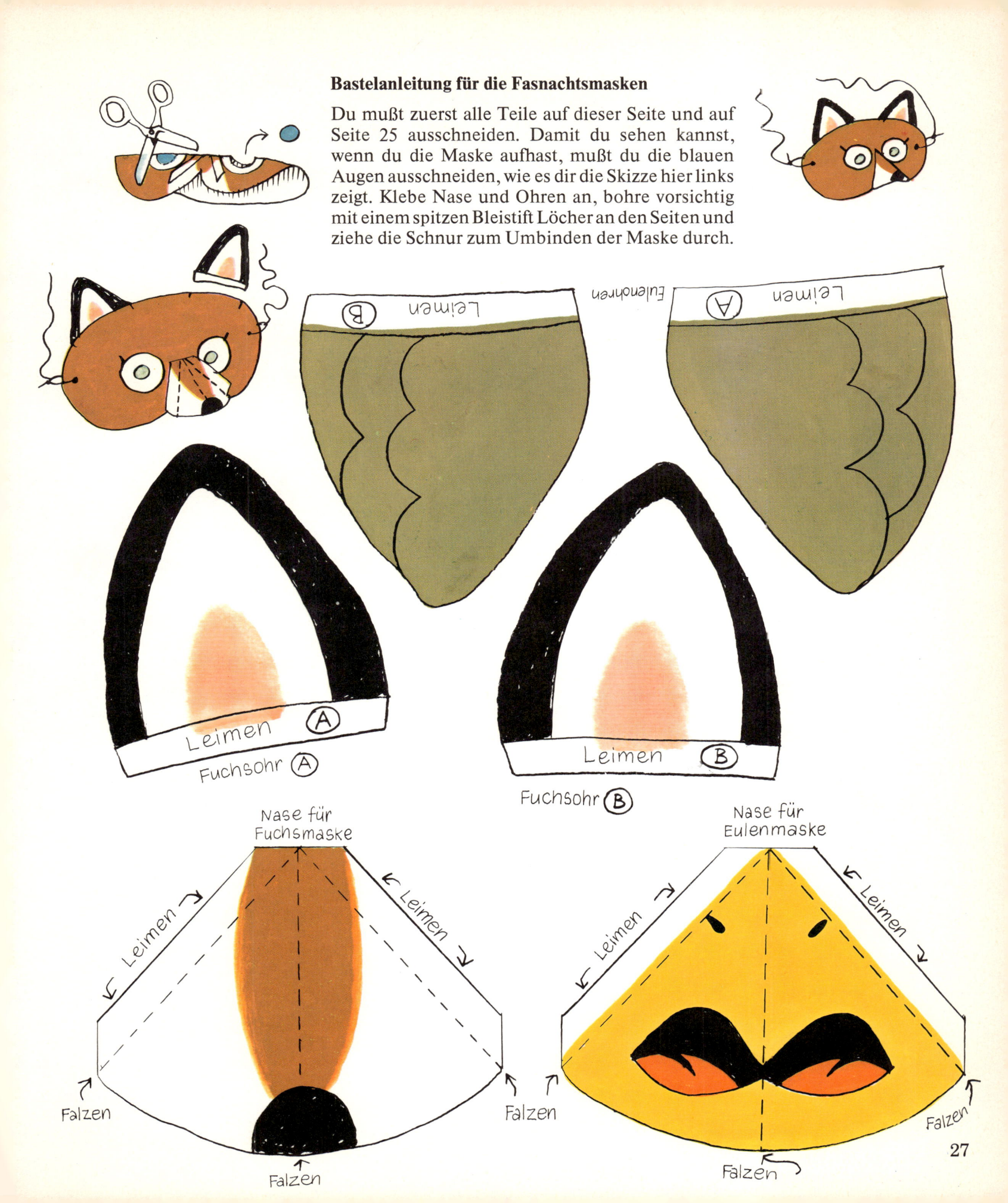

27

Schneide die Maskenteile lieber auf der Vorderseite aus.

Dieses Bild von Hilda hat Herr Ferk für dich zum Anmalen ausgesucht. Du wirst schon wissen, ob Hilda lieber Himbeereis oder lieber Schokoladeneis schleckt.

Noch ein Buch zum Selbermachen
Mein Egonbuch

1. Du kannst dir ein kleines Buch von Egon mit eigenen Zeichnungen machen. Was noch zu malen ist, wirst du auf jeder der kleinen Buchseiten sehen.

2. Trenne die Blätter mit den Egonbuchseiten aus diesem Buch und schneide jedes Blatt entlang der schwarzen Linie halb durch.

3. Jetzt hast du vier Blätter vom kleinen Buch. Falte jedes Blatt der gestrichelten Linie nach, daß die Seitenzahlen so zu sehen sind, wie Egon es dir zeigt.

4. Schiebe die Seiten ineinander. Egon hilft dir wieder dabei.

5. Damit das Buch hält, müssen die Seiten zusammengeheftet werden:

Entweder lochst du sie und ziehst Schnur oder Heftringe durch die Löcher,

oder du faßt sie mit einem passenden Gummibändchen

oder mit Schnur oder mit einem Band zusammen.

Du kannst auch Heftklammern

oder Büroklammern nehmen.

Nun hast du ein selbstgemachtes **Egonbuch**!

① **Mein Egonbuch**

Mit Zeichnungen von

_____
(Dein Name)

③ Er hat sich Spiegeleier gebraten. Ein paar Erbsen waren auch noch da. (Auf einem Teller liegen die Eier, und der Löffel ist voller Erbsen.)

⑲ Ohne weiteren Zwischenfall kehrt Egon heim, setzt sich hin und stärkt sich.
(Er beißt in ein Wursträdchen.)
Guten Appetit, Egon!

⑭ Das Auto ist inzwischen heil, und er fährt wieder nach Hause. (Außer ihm fahren noch viele Autos auf der Straße.)

2

Egon ist aufgewacht und sucht sich sein Frühstück im Eisschrank zusammen.
(Im Eisschrank liegen Milch, Eier, Butter und Gemüse.)

4

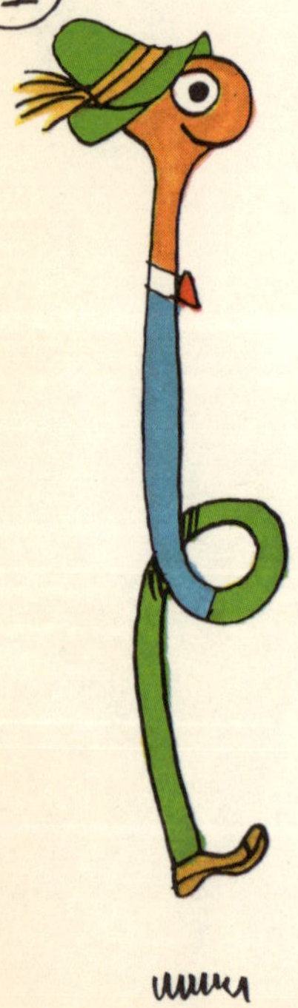

Weil die Sonne so schön scheint, geht Egon hinaus, als er satt ist.
(Die Sonne scheint auf Bäume und ein Haus.)

13

Endlich ist Egon an der Kasse und zahlt.
(Er legt Münzen und Papiergeld auf den Tresen.)

15

Noch ein ganz kleiner Unfall: Egon rammt den Straßenkehrerkarren! (Der Straßenkehrer braucht einen Besen, damit er alles wieder zusammenkehren kann.)

5

Egon beschließt, ein paar Einkäufe zu machen, und steigt ins Auto.
(Das Auto braucht Räder, damit es fahren kann.)

7

Egon paßt nicht auf und fährt in einen Apfelbaum.
(Ein dicker Apfel fällt ihm auf den Kopf.)

12

Unglücklicherweise fährt er Frau Ferk von hinten an. Sie schreit auf. (Im Einkaufswagen sitzt ihr kleines Kind.)

10

Inzwischen geht Egon einkaufen. Bei Meister Schinkel holt er ein paar dicke Würste. (Sie liegen auf dem Haublock.)

⑥

Er muß erst einmal tanken. (Durch einen Benzinschlauch läuft das Benzin in Egons Tank.)

Außerdem braucht er noch Orangen. Aber er stolpert.
(Überall fliegen Orangen herum.)

⑪

⑧

Egon ißt den Apfel auf, während das Auto geflickt wird. (Der Monteur hält einen Hammer in der Hand, und die Kühlerhaube wird rot.)

Endlich ist Egon in der Stadt. Da stellt sich ihm eine Verkehrsampel in den Weg! (Die Verkehrslichter leuchten.)
Nun muß das Auto noch einmal in die Werkstatt!

⑨

In Schaffenau

Schaffenau ist eine Stadt voller fleißiger Leute. Sie wohnen und arbeiten hier.

Hilfe!

Tessa regelt den Verkehr. Sie ist Schaffenaus Politesse. Herr Borstel hat sein Auto mal wieder auf ungewöhnliche Art zum Stehen gebracht!

Das ist Polizist Eilig. Bananenautos und Apfelwagen hat er immer gut im Auge.

Natürlich gibt es in Schaffenau auch fleißige Schläfer.

Alles klar!

Planierraupen planieren die Straßen.

Schwester Leisi hat sich in der Bücherei ein Buch zum Lesen geholt. Wenn sie es ausgelesen hat, bringt sie es zurück und nimmt ein neues mit. Hast du auch eine Leihbücherei in der Nähe?

Doktor Bohrer, der Zahnarzt, fährt bei der Bank vorbei und holt sich etwas Geld. Er will einkaufen gehen.

Thomas ist der Taxifahrer von Schaffenau.

Na, wie geht's?

Bürgermeister Fuchs schaut in Schaffenau unermüdlich nach dem Rechten.

Auch einen Fischladen gibt es in der Stadt. Seine Spezialität: Bücklinge, warm aus dem Rauch.

Frau Ferk ist mit ihrem Einkauf
bei Kaufmann Knolle zufrieden.
Er hat gut gewogen.

Meister Schinkel schneidet ein
Rädchen Wurst für Ursula ab.
Kalbfleischwurst ist seine
Spezialität.

Laster und Lieferwagen
brausen durch Schaffenau.

Briefträger Stempel braucht
Benzin für das Postauto.

Ulrich pumpt sein Dreirad auf.

37

Haben dir Stadt und Leute gefallen? Dann kannst du dir selber ein Schaffenau basteln mit seinen Häusern, Autos und Bewohnern. Du brauchst nur alles auf den nächsten Seiten entlang der schwarzen Linien auszuschneiden. Den gestrichelten Linien entlang wird gefalzt.

Nach vorne falzen

So falzt du die Häuser, damit sie stehen.

Nach hinten falzen

So falzt und leimst du die Fahrzeuge und die Leute. Klebe die Lasche innen fest, es sieht besser aus.

zusammenkleben

Ist alles klar?

Also los!

zusammenkleben

Die genaue Anleitung steht auf Seite 38.

Planierchen — Falzen — Leimen

Egon — Falzen — Leimen

Ursula — Falzen — Leimen

Ulrich — Falzen — Leimen

Politesse Tessa — Falzen — Leimen

Dr. Löwitsch — Falzen — Leimen

Die dicke Hilda — Falzen — Leimen

Schwester Leisi — Falzen — Leimen

Bürgermeister Fuchs — Falzen — Leimen

Herr Borstel — Falzen — Leimen

Wursträdchen von Meister Schinkel

Metzger Schinkel — Falzen — Leimen

47

Schneide alles lieber
auf der Vorderseite aus.

48

Egon geht in die Länge

Als Egon noch ganz klein war, ging er einmal spazieren.
Da sah er am Wegrand eine ellenlange Bohne liegen,
die sich sonnte. Egon blieb stehen.

»Bist du eine lange Bohnenstangenbohne!« sagte er.
»Wie hast du das gemacht? Ich will auch so werden wie du!«
Die Bohne reckte sich und streckte sich.
»Na schön«, sagte sie. »Ich will es dir verraten.
Wenn du allem, was ich dir sage, ganz genau folgst,
werden dir schon bald die Hosen zu kurz sein.«

Die Regeln waren nicht sehr schwer, und Egon folgte ihnen.

Er trank Milch.

Er aß Äpfel,
natürlich kleine.

Er war zufrieden
und vergnügt.

Er turnte
jeden Tag.

Er ging immer rechtzeitig ins Bett.
Er tat einfach alles, was die lange Stangenbohne
ihm gesagt hatte, und tatsächlich, nach wenigen
Wochen mußte er sich eine neue Hose kaufen!

Wie schnell wächst du? Hast du es noch nie gemessen?
Dann dreh die Seite um, dort ist eine Bohnenstangenmeßlatte für dich!

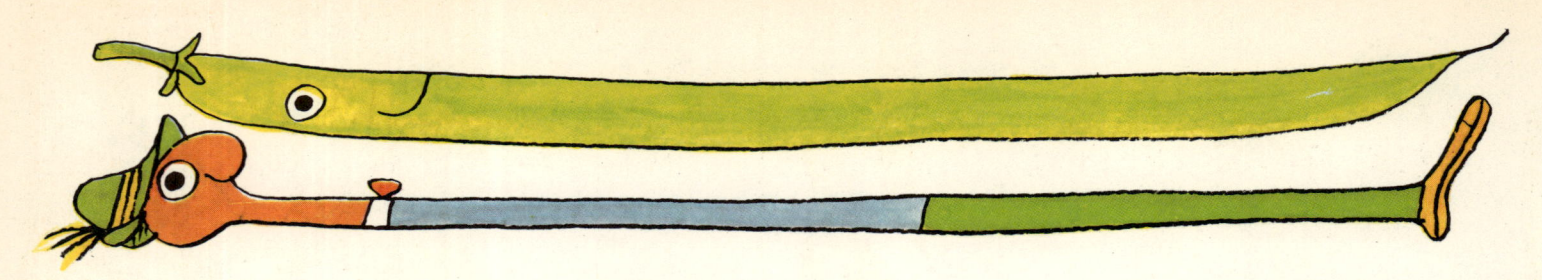

Mach dir eine

Bohnenstangenmeßlatte

1. Trenne die Seiten 51, 53 und 55 aus dem Buch.

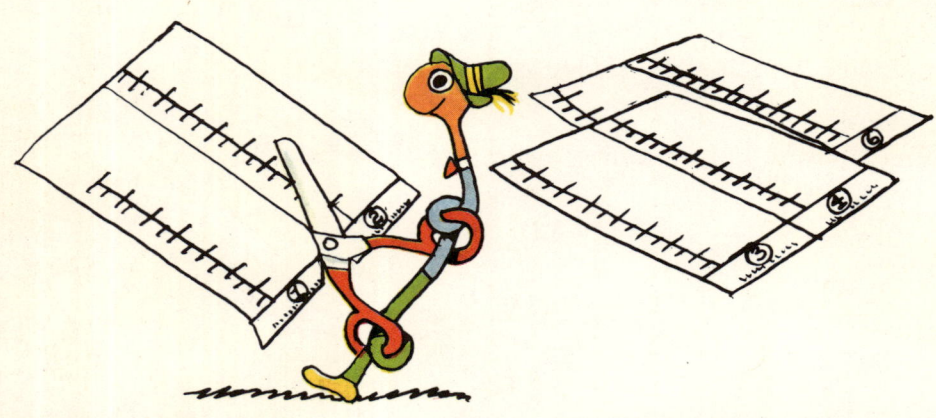

2. Schneide die Seiten genau in der Mitte an der schwarzen Linie durch. Jetzt hast du sechs schmale Streifen.

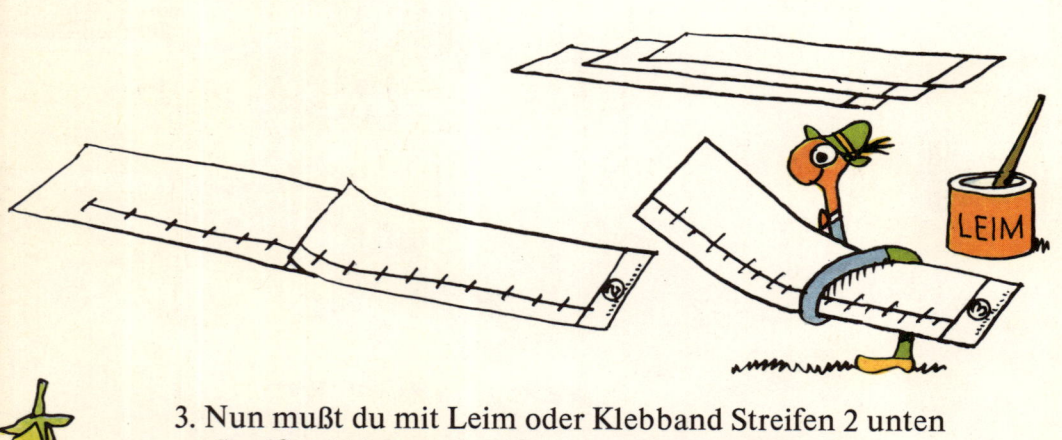

3. Nun mußt du mit Leim oder Klebband Streifen 2 unten an Streifen 1 kleben, Streifen 3 unten an Streifen 2 und so weiter, bis alle Streifen aneinanderhängen.

4. Schneide bei Streifen 6 das unterste weiße Stück weg.

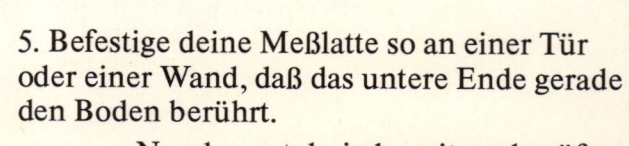

5. Befestige deine Meßlatte so an einer Tür oder einer Wand, daß das untere Ende gerade den Boden berührt.

Nun kannst du jederzeit nachprüfen, ob du auch so schnell wächst wie eine Stangenbohnenbohne.

Was du alles tun mußt, damit du groß wirst:

Zentimeter

- Wasser trinken
- Äpfel essen
- Dich vor Ungeziefer hüten
- Rechtzeitig zu Bett gehen
- Obst und Gemüse essen

① Hierher den 2. Teil leimen

② Hierher den 3. Teil leimen

② ①

Zähne putzen

Dich waschen

Nicht mit Seife sparen

Tief atmen

③ Hierher den 4. Teil leimen

Bananen essen

MILCH trinken

Niemals wütend werden

④ Hierher den 5. Teil leimen

Zufrieden sein

Nicht immer streiten

Anderen helfen

Freundlich bleiben

Essen, was auf den Tisch kommt

Täglich turnen

Versuchen, immer höflich zu bleiben

Nie den Mut verlieren

Und auf Käferchen wie mich aufpassen!

Zentimeter

⑤ Hierher den 6. Teil leimen

⑥ ← Dieses Stück wegschneiden ↑55

⑥ ⑤

Weihnachten in Schaffenau

Kurz vor Weihnachten hat jeder viel zu tun, damit zum Fest alles bereit ist.

Bauer Bock hat in seinem Wald den schönsten Tannenbaum für den Marktplatz von Schaffenau ausgesucht.

Ulrich, Bobby und Spitzl schneiden und kleben Christbaumschmuck.

Ursula und Hilda knüpfen eine Kette für den Weihnachtsbaum.

So schön ist der Baum geschmückt! Während zum Abschluß alle ein Weihnachtslied singen, hängt Egon den Weihnachtsengel in die Tannenbaumspitze.

Alles, was an diesem Christbaum hängt, kannst du dir auch machen. Schneide dir auf den nächsten Seiten aus, was dir besonders gefällt, oder schneide alles aus – und zwar entlang der schwarzen Linien. Falze bei den gestrichelten Linien. Wo du ein Ⓧ siehst, drücke mit einem spitzen Bleistift oder einer Stricknadel vorsichtig ein Loch durch. Am besten geht es, wenn du etwas Weiches drunterlegst, z. B. eine alte Decke. Durch die Löcher ziehst du einen Faden, verknüpfst ihn und hängst den Schmuck daran auf.
Bei schwierigen Sachen zeigt immer ein kleines Bild, wie das Schmuckstück zusammengesetzt werden muß.

Ein Kalender

Halt, Egon, nicht weiterschreiben! Kein Monat hat mehr als 31 Tage.

Auf den nächsten drei Seiten findest du die Monatsblätter für einen Jahreskalender. Ein Jahr hat 12 Monate. Manche Monate haben 30 Tage, manche 31 Tage. Der Februar hat nur 28 Tage, aber in Schaltjahren hat er 29 Tage. Bist du jetzt ganz durcheinander? Keine Sorge, auf jedem Monatsblatt dieses Kalenders steht oben, wie viele Tage der Monat hat.

In die freien Kästchen mußt du die Zahlen der Monatstage schreiben. Von irgendeinem gedruckten Kalender siehst du dir ab, mit welchem Wochentag jeder Monat beginnt, oder du fragst Vater oder Mutter danach.

Wenn du weißt, an welchem Tag der Monat anfängt, dann schreibst du die 1 in das richtige Kästchen der obersten Reihe. Alles andere ist einfach. Du füllst die Kästchen fortlaufend mit den Monatstagen aus. Dabei beginnst du in jeder Reihe wieder links. Sonntage, Festtage, Ferien und Geburtstage ringelst du rot ein oder schreibst die Zahl mit besonderer Farbe. Vergiß deinen eigenen Geburtstag nicht!

Ein kleiner Tip: Trage die Zahlen erst dünn mit Bleistift ein, dann kannst du kontrollieren, ob alles richtig ist.

Wie du aus den Monatsblättern einen Kalender zum Aufhängen machst, steht auf der nächsten Seite.

Egon macht den Kalender mit dir fertig

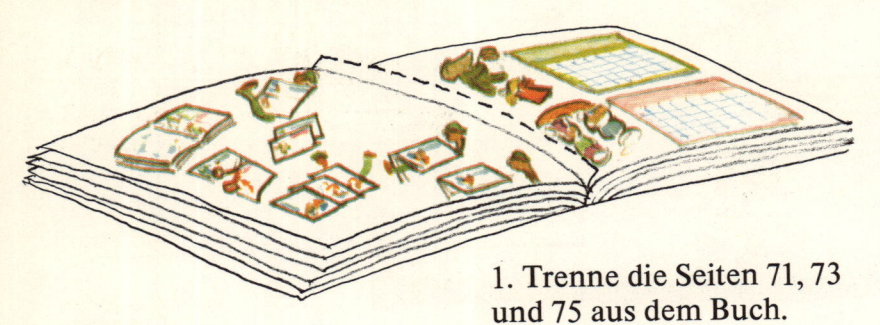

Wie der Kalender ausgefüllt wird,
steht auf der Vorderseite.

Hoppla!

1. Trenne die Seiten 71, 73 und 75 aus dem Buch.

2. Schneide die Seiten den schwarzen Linien in der Mitte entlang entzwei. Jetzt hast du sechs Kalenderblätter.

3. Drücke überall dort, wo du auf den Blättern das Zeichen ⓧ siehst, vorsichtig mit einem spitzen Bleistift Löcher. Mit einer weichen Unterlage, z. B. einer Decke, geht es besser.

4. Bringe die Blätter in die richtige Reihenfolge. Egon zeigt es dir. Zuoberst liegt der Januar, dann folgen Februar, März, April, Mai, Juni. Die restlichen Monate des Jahres sind auf der Rückseite des Kalenders.

Hier Löcher machen →

5. Ziehe durch die Seitenlöcher ein Stück Schnur oder ein Band.

6. Am Mittelloch kannst du den Kalender an einem Nagel aufhängen.

Ein gutes Jahr wünscht Egon dir!

Winterspaß

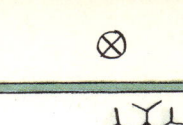

31 Tage	JANUAR					
SONNTAG	MONTAG	DIENSTAG	MITTWOCH	DONNERSTAG	FREITAG	SAMSTAG

Grüße an Freunde

28 Tage (29 in Schaltjahren 1980, 1984 usw.)	FEBRUAR					
SONNTAG	MONTAG	DIENSTAG	MITTWOCH	DONNERSTAG	FREITAG	SAMSTAG

Weihnachten

31 Tage	DEZEMBER					
SONNTAG	MONTAG	DIENSTAG	MITTWOCH	DONNERSTAG	FREITAG	SAMSTAG

Die Martinsgans

30 Tage	NOVEMBER					
SONNTAG	MONTAG	DIENSTAG	MITTWOCH	DONNERSTAG	FREITAG	SAMSTAG

Märzwinde

31 Tage		MÄRZ				
SONNTAG	MONTAG	DIENSTAG	MITTWOCH	DONNERSTAG	FREITAG	SAMSTAG

Ostern

30 Tage		APRIL				
SONNTAG	MONTAG	DIENSTAG	MITTWOCH	DONNERSTAG	FREITAG	SAMSTAG

Laterne, Laterne

31 Tage	OKTOBER					
SONNTAG	MONTAG	DIENSTAG	MITTWOCH	DONNERSTAG	FREITAG	SAMSTAG

Schulbeginn

30 Tage	SEPTEMBER					
SONNTAG	MONTAG	DIENSTAG	MITTWOCH	DONNERSTAG	FREITAG	SAMSTAG

Muttertag

31 Tage		MAI				
SONNTAG	MONTAG	DIENSTAG	MITTWOCH	DONNERSTAG	FREITAG	SAMSTAG

Wind und Wasser

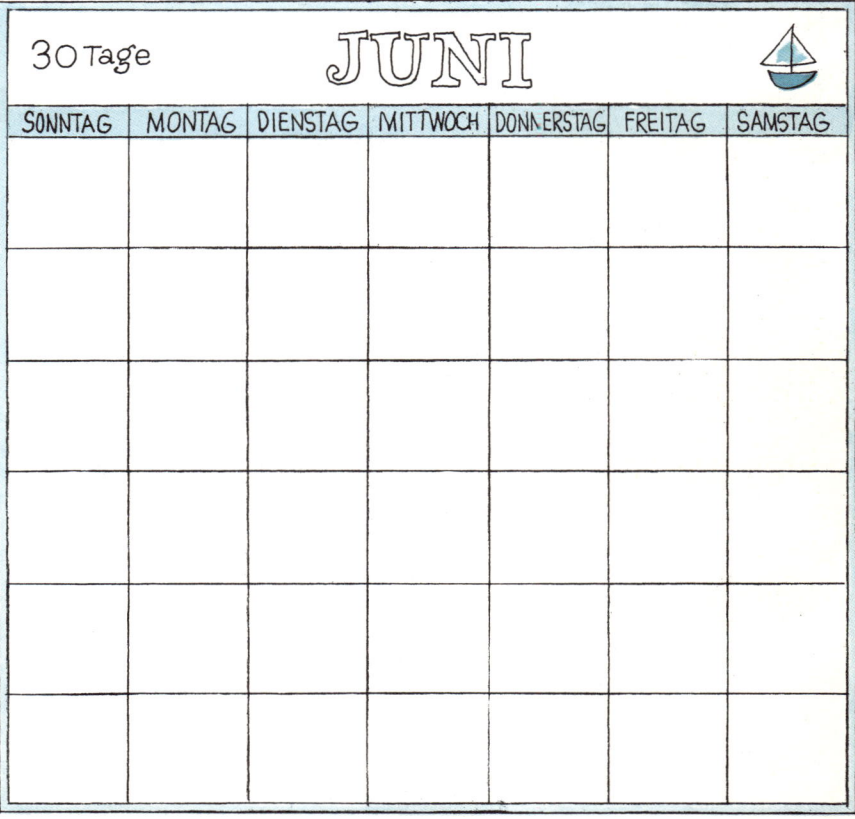

30 Tage		JUNI				
SONNTAG	MONTAG	DIENSTAG	MITTWOCH	DONNERSTAG	FREITAG	SAMSTAG

Sommerferien

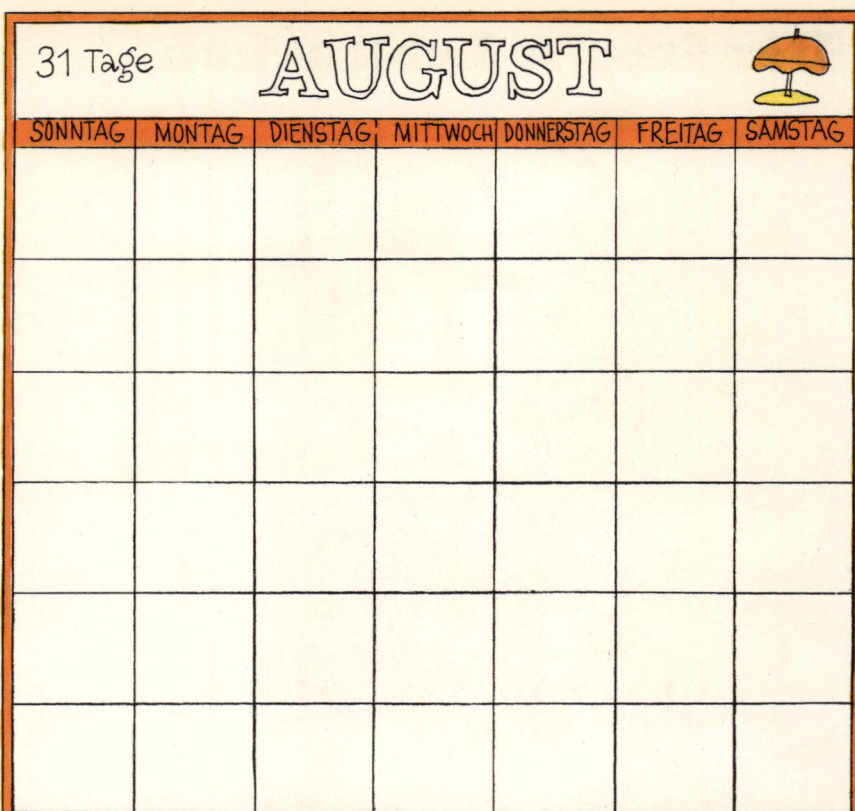

31 Tage	AUGUST					
SONNTAG	MONTAG	DIENSTAG	MITTWOCH	DONNERSTAG	FREITAG	SAMSTAG

Picknicken

31 Tage	JULI					
SONNTAG	MONTAG	DIENSTAG	MITTWOCH	DONNERSTAG	FREITAG	SAMSTAG

Der freche Lebkuchen

Mama hat einen großen Lebkuchen für Pim und Pum gebacken. Er füllt das ganze Blech, das Mama gerade in den Ofen schiebt.

»So, jetzt ist er fertig gebacken«, sagt Mama und öffnet die Backofentür. Aber schwupp – da springt der Lebkuchen frech vom Blech und läuft zum Haus hinaus.
»Fang mich doch! Fang mich doch!« ruft er Mama zu.

Komm sofort zurück!

Papa harkt im Garten Laub. »Fang mich doch!« ruft der Lebkuchen und rennt vorbei.

Er ist auch schneller als Bauer Hasenfuß.
»Fang mich doch!« schreit der Lebkuchen.

Bauer Hasenfuß wirft den Traktor an und rattert hinterher,
aber vergebens, der Lebkuchen ist schon im Maisfeld verschwunden.

Frau Brumm fällt vor Schreck vom Stuhl, als
der Lebkuchen vorbeispaziert und flüstert:
»Fang mich doch!«
Bis sie sich aufrappelt und das Strickzeug
wieder zusammengesucht hat, ist der Lebkuchen längst fort.

Am Fluß unten trifft er den Fuchs,
der gemütlich im Grase liegt.
»Na, fang mich doch!« sagt er zum Fuchs.

Aber der Fuchs lacht.
»Wenn du nicht zusiehst, daß du über den Fluß kommst, wirst du doch noch gefangen. Los, setz dich auf meinen Schwanz, ich bringe dich hinüber.«
Der Lebkuchen sieht sich um. O weh, da kommen sie alle!

Halt! Halt!

Schnell springt er dem Fuchs auf den Schwanz. Als der Fuchs ins Tiefe schwimmt, bekommt der Lebkuchen nasse Füße. Nasse Füße mag er nicht, und darum setzt er sich dem Fuchs auf die Nase.

Der Fuchs macht haps-schnaps – und weg ist der Lebkuchen!
Der Fuchs hatte ihn gefressen, denn wozu sind Lebkuchen schließlich da?

Würdest du auch gerne Lebkuchen backen? Solche, die nicht davonspringen? Dann blättere um.

Lebkuchenbacken

Die Lebkuchen nach diesem Rezept ißt Egon am liebsten. Die angegebene Menge ergibt etwa sechs große Lebkuchen. Du kannst dir natürlich auch ein Rezept aus dem Kochbuch raussuchen oder, wenn du keine Lust für den Teig hast, dir eine fertige Mischung im Laden kaufen. Wenn du zum ersten Mal in deinem Leben bäckst, brauchst du wahrscheinlich Hilfe von jemandem, der schon gebacken hat. Wasch dir die Hände, bevor du beginnst, und vergiß vor allem nicht: Ein Backofen ist wirklich sehr heiß!

Mmm! Mmm!

Du brauchst

½ Tasse oder ein entsprechendes Stück zimmerwarme Butter oder Margarine
½ Tasse braunen Zucker
½ Tasse Sirup oder Honig
2½ Tassen Mehl

½ Teelöffel Ingwerpulver
¼ Teelöffel Zimtpulver
⅛ Teelöffel Nelkenpulver
⅛ Teelöffel Muskatnuß, gerieben
¼ Teelöffel Salz
½ Teelöffel Backpulver

1. Schneide die beiden Lebkuchenvorlagen auf Seite 83 aus.

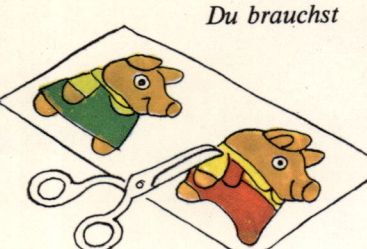

2. In einer großen Schüssel rührst du die Butter 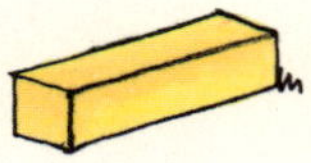 mit dem Zucker  schaumig  und fügst dann unter Rühren den Sirup oder Honig hinzu.

3. In eine zweite Schüssel  siebst du das Mehl, fügst Ingwer,  Zimt,  Nelken,  Muskatnuß,  Salz und Backpulver  zu und rührst die Gewürze sanft in das Mehl ein. Riecht das nicht gut?

4. Die Mehl-Gewürzmischung leerst du nun unter Rühren in die große Schüssel. Egon schlägt vor, immer nur eine halbe Tasse aufs Mal unterzumischen, das geht leichter. (Wieviel halbe Tassen mußt du dann unterrühren?)

5. Stelle jetzt den  Backofen auf 180° 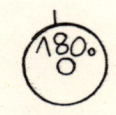 ein. Bis du mit dem Ausschneiden der Lebkuchen soweit bist, hat das Ofenrohr die richtige Hitze.

6. Mit den (sauberen!) Händen knetest du die krümelige Masse in deiner Schüssel so lange ineinander, bis du eine runde braune Kugel hast. Alles Mehl ist nun weg – staunst du nicht auch darüber?

7. Der Teig ist jetzt bereit zum Ausrollen. Egon rät dir, das Rollholz einzumehlen, damit der Teig nicht daran kleben bleibt.

8. Rolle den dritten Teil deines Teiges auf einem Backpapier oder einem ungefetteten Pergamentpapier einen halben Zentimeter dick aus. Lege eine Lebkuchenvorlage mit der bunten Seite nach oben darauf. Paßt vielleicht die zweite Vorlage auch noch drauf? Schneide mit einem kleinen Küchenmesser außen an der Vorlage entlang den Lebkuchen aus.

9. Vorsichtig hebst du den Rand um den Lebkuchen ab, drückst diesen Teig wieder zusammen und legst ihn auf die Seite für die nächsten Lebkuchen.

10. Mit einem Zahnstocher oder einem Fleischspieß pikst du entlang der schwarzen Linien auf deiner Vorlage vorsichtig Löcher in den Teig, damit du weißt, bis wohin welche Glasur kommt, wenn der Lebkuchen fertig gebacken ist.

11. Ziehe die Lebkuchenvorlage vorsichtig vom Teig.

12. Lege den Lebkuchen mit dem Papier auf das Backblech und schiebe das Blech in den heißen Ofen. Während der 10 bis 12 Minuten, in denen der Lebkuchen bäckt, rollst du den nächsten aus. Vergiß das Papier nicht, sonst klebt der Lebkuchen hoffnungslos am Blech fest.

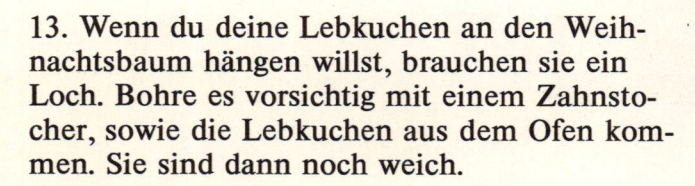

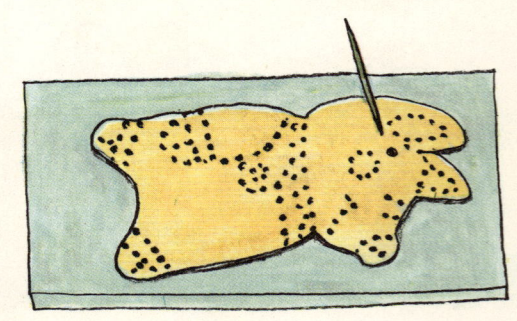

13. Wenn du deine Lebkuchen an den Weihnachtsbaum hängen willst, brauchen sie ein Loch. Bohre es vorsichtig mit einem Zahnstocher, sowie die Lebkuchen aus dem Ofen kommen. Sie sind dann noch weich.

14. Laß die Lebkuchen gut auskühlen, bevor du sie glasierst. Wie du den Zuckerguß zum Glasieren machen kannst, steht auf Seite 85.

15. **Denk dran:** Wenn man nicht *sehr* aufpaßt, laufen die Lebkuchen weg!

Vorlagen für die Lebkuchen.
Das Rezept fängt auf Seite 80 an.

Schneide die Lebkuchenvorlagen lieber auf der Vorderseite aus.

Zuckerguß für die Lebkuchen

Du brauchst

rote, gelbe, grüne und blaue Speisefarbe oder Himbeersaft, Safranpulver, Brennesselsaft

4 Eier

ein paar Rosinen oder Korinthen

1 Teelöffel Puderzucker

5 kleine Schüsseln oder Tassen

einen oder zwei saubere Pinsel

1 Riegel Kochschokolade in Stückchen

1. Schlage die Eier auf und trenne das Eiweiß vom Eigelb. Nimm für jedes Eigelb eine neue Schüssel. Das Eiweiß tu auf die Seite, du brauchst es nicht.

2. Färbe jedes Eigelb mit ein paar Tropfen Farbe, und zwar jedes mit einer anderen Farbe. Rühre gut um. Bei Blau erlebst du eine Überraschung, der Guß wird dunkelgrün! Das Ei mit grüner Farbe wird hellgrün.

3. In der fünften Schüssel rührst du den Puderzucker mit ein paar Tropfen Wasser zu einem dicken Brei.

4. Jetzt kannst du deine gut ausgekühlten Lebkuchen mit einem Pinsel anmalen. Du hast vier Farben: Rot, Gelb, Hellgrün und Dunkelgrün. Du kannst die »Schnittmuster« als Malvorlage nehmen oder die Lebkuchen nach deinem Belieben bemalen. Nach jeder Farbe muß der Pinsel ausgewaschen werden. Schlag das Wasser gut aus oder trockne ihn in einem Tuch, bevor du weitermalst.

5. Für die Augen wird ein Tropfen Zuckerguß aufgetropft und eine Korinthe oder ein Stück Rosine draufgedrückt.

6. Wenn du Mund, Ohren usw. richtig ausziehen willst, nachdem die anderen Farben trocken sind, mußt du die Schokoladenstückchen im Wasserbad schmelzen.

7. Mit Pinsel oder Zahnstocher trägst du die flüssige Schokolade auf. Im Kühlschrank wird sie sofort fest.

8. Färbst du mit Saft, dann nimm für Hellgrün wenig und für Dunkelgrün mehr Brennesselsaft. Egon meint, daß die Farben besser leuchten, wenn du sie alle doppelt aufträgst. Der erste Anstrich muß aber erst ganz trocken sein.

Egons Geburtstag

Egon hat bald Geburtstag. Die Einladungskarten für das Fest schreibt er rechtzeitig und schickt sie an seine Freunde.

Und so kommen sie alle zum Gratulieren, und jeder bringt Egon etwas mit.
Nur Polizist Eilig fehlt noch.
Wo bleibt er nur?
Das Fest fängt ohne ihn an.

Was für eine schöne Geburtstagstorte! Doch bevor sie angeschnitten wird, darf Egon die Lichter ausblasen.
Er holt tief Luft und ... BLÄST!

Und bläst die Torte zum Fenster hinaus!

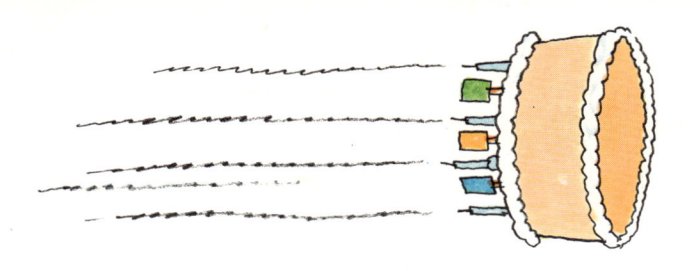

Da kommt ja Polizist Eilig! Ob er auch
etwas für Egon mitgebracht hat?

Polizist Eilig bringt eine
Geburtstagstorte für die
Geburtstagsgäste mit.

Mmm!

Sie sieht zwar nicht mehr sehr
schön aus, aber das macht nichts,
sie schmeckt trotzdem.
Schmeckt sie auch Herrn Eilig?

Egons erstklassiger Orangencremeguß für Torten

Wenn Vater oder Mutter ein bißchen helfen, bereitet dir Egons Tortenguß sicher keine Schwierigkeiten. Die Menge des nebenstehenden Rezeptes reicht für eine Biskuit-Torte von 25 cm Durchmesser. Fertige Biskuit-Torten kann man kaufen, wenn gerade niemand Zeit hatte, eine für dich zu backen.

Du brauchst
½ Tasse oder ein entsprechendes Stück zimmerwarme Butter oder Margarine
1 Pfund Puderzucker
1 Ei
3 Teelöffel Orangensaft
6 Tropfen Orangenaroma (je nach Geschmack)
1 Teelöffel geriebene Orangenschale (je nach Geschmack).

1. Rühre die Butter in einer großen Schüssel schaumig.

2. Siebe den Puderzucker in eine andere Schüssel.

3. Gib von dem Puderzucker unter ständigem Rühren ½ Tasse in die Butter.

4. Schlage das Ei auf und laß es in die Butter-Zuckermischung gleiten. Verrühre es sorgfältig.

5. Jetzt kommt der restliche Zucker tassenweise und abwechselnd mit dem Orangensaft unter vielem Rühren in die Schüssel.

6. Egon gibt noch ein paar Tropfen Orangenextrakt dazu. Er reibt auch Schale von gut abgewaschenen Orangen in den Guß, damit es noch besser nach Orange schmeckt. Ein Teelöffel höchstens genügt.

7. Der Kuchen darf nicht mehr warm sein, wenn du ihn mit dem Cremeguß bestreichst.

8. Vergiß nicht, die Schüssel auszulecken, wenn du fertig bist.

9. Egon verschönt die Torte noch mit weißem Zuckerguß. Dafür rührt er in ein schaumig gerührtes Stückchen Butter 2 Tassen Puderzucker, 3 Teelöffel Milch und wenige Tropfen Orangenextrakt. Alles wird nach und nach untergemischt, du kennst das schon, und schön schaumig gerührt. Der Guß wird in einen Spritzsack gefüllt, um so schöne Schlangen auf die Torte zu drücken wie auf Seite 90. Übrigen Guß kannst du einfrieren und ein andermal aufbrauchen.

10. Jetzt kann die Torte mit den Schildchen von Seite 91 verziert werden. Auf der nächsten Seite steht die Anleitung dafür.

Geburtstagseinladungskarten

Auf den Seiten 93 und 95 findest du Geburtstagseinladungskarten. Du mußt die Seiten raustrennen, die Einladungen auseinanderschneiden und adressieren. Auf die Innenseite schreibst du Tag, Uhrzeit und Ort deines Festes und deinen Namen. Falte die Karten und klebe sie mit Klebband zu, wie du es hier siehst. Vergiß die Marken nicht und gib die Karten zur Post.

Verzierungen für eine Geburtstagstorte

Schneide alle Schildchen auf der nächsten Seite aus. Teile Trinkhalme in 8 bis 10 Zentimeter lange Stücke, 12 solcher Stücke brauchst du.

In die Kreise auf den kleinen Schildchen schreibst du, wie alt du an deinem Geburtstag wirst. Auf das große Mittelschild schreibst du vorne und hinten deinen Namen – genau auf die Linie.

Wie die Schildchen zusammengeleimt werden, zeigen dir die Skizzen auf dieser Seite. Am Geburtstag verzierst du deine Torte damit.

Merk dir bitte: Diese Papierschildchen sind *keine* Kerzenhalter. Die mußt du dir mit den Kerzen zusammen kaufen.

Wenn du die Torte noch mit Lichtern schmückst, dann hast du den schönsten Geburtstagskuchen von der Welt!

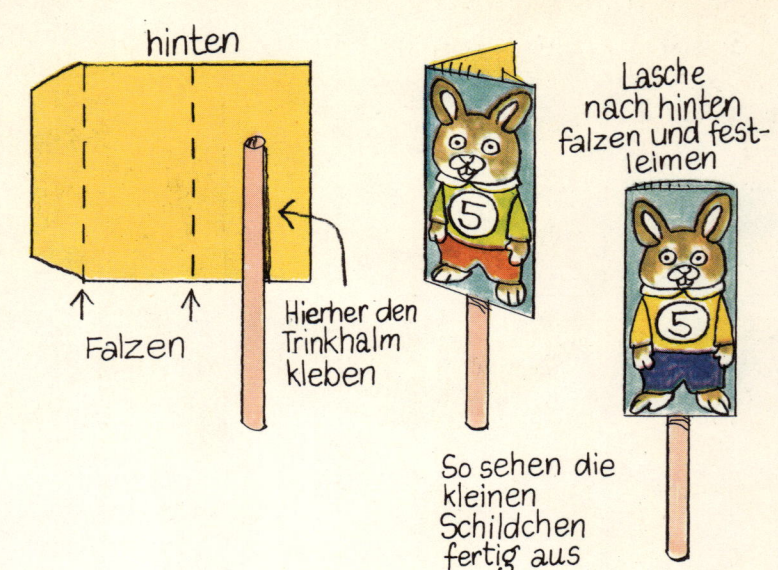

Die kleinen Schildchen

hinten

Falzen

Hierher den Trinkhalm kleben

Lasche nach hinten falzen und festleimen

So sehen die kleinen Schildchen fertig aus

Das große Mittelschild

vorne

Herzlichen Glückwunsch zum Geburtstag

Leimen — Falzen — Falzen — Leimen

hinten

Herzlichen Glückwunsch zum Geburtstag

Hierher die Trinkhalme kleben

hinten

Herzlichen Glückwunsch zum Geburtstag

Laschen ganz nach hinten falzen und festleimen

vorne

Herzlichen Glückwunsch zum Geburtstag

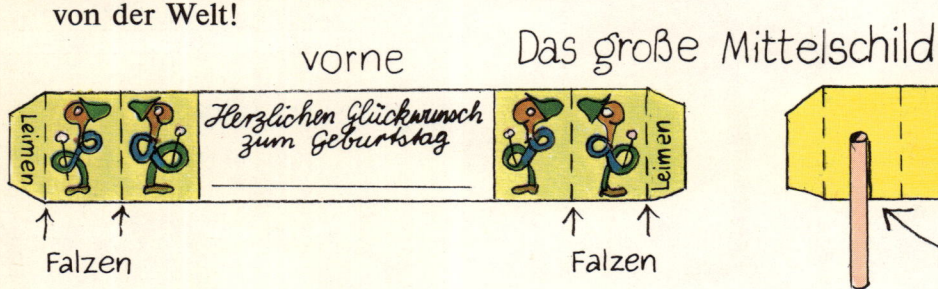

So sieht das große Schild fertig aus

Hier hat Egon 101 hingeschrieben, der Bursche! Wird er 101 Jahre alt?

So sieht Egons Kuchen aus, wenn er fertig ist.

Herzlichen Glückwunsch zum Geburtstag

Leimen

Die gestrichelten Linien falzen

Herzlichen Glückwunsch zum Geburtstag

Schneide die Schildchen lieber auf der Vorderseite aus.

⇨

Die Anleitung für die
Geburtstagseinladungskarten
steht auf Seite 89.

| von | | An | Hierher kommt die Marke |

| Von | | An | Hierher kommt die Marke |

| Von | | An | Hierher kommt die Marke |

Wir feiern meinen Geburtstag

AM _____
         DATUM
UM _____
         ZEIT
Ich lade Dich ein
_____
NAME
_____

ADRESSE _____

Wir feiern meinen Geburtstag

AM _____
         DATUM
UM _____
         ZEIT
Ich lade Dich ein
_____
NAME
_____

ADRESSE _____

Wir feiern meinen Geburtstag

AM _____
         DATUM
UM _____
         ZEIT
Ich lade Dich ein
_____
NAME
_____

ADRESSE _____

| Von | | An | Hierher kommt die Marke |

| Von | | An | Hierher kommt die Marke |

| Von | | An | Hierher kommt die Marke |

Wir feiern meinen Geburtstag

AM _____
         DATUM
UM _____
          ZEIT
Ich lade Dich ein

_____
NAME

_____
ADRESSE

Wir feiern meinen Geburtstag

AM _____
         DATUM
UM _____
          ZEIT
Ich lade Dich ein

_____
NAME

_____
ADRESSE

Wir feiern meinen Geburtstag

AM _____
         DATUM
UM _____
          ZEIT
Ich lade Dich ein

_____
NAME

_____
ADRESSE

Egons Abenteuer

Trrrt!

Egon ist *überall* zu finden, er hat halt überall Freunde. Manchmal darf er Polizist Eilig bei der Verkehrsregelung helfen.

Einmal hat er seine Freundin, die dicke Hilda, vorm Ertrinken gerettet. Sie war von ihrem brennenden Boot ins Wasser gesprungen.

Ich komme ja schon!

Sein bester Freund heißt Ulrich Knolle. Mit ihm ist er schon mal im Fernsehen als Sänger aufgetreten.

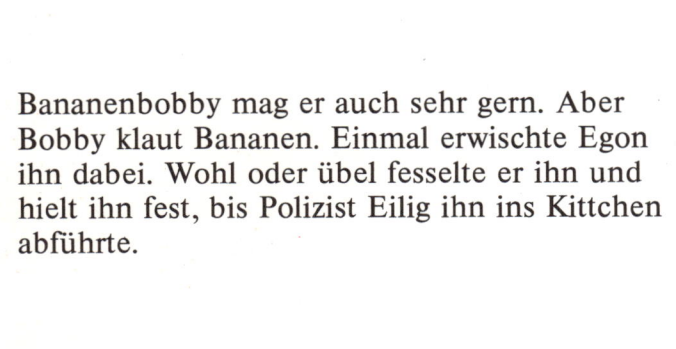

Bananenbobby mag er auch sehr gern. Aber Bobby klaut Bananen. Einmal erwischte Egon ihn dabei. Wohl oder übel fesselte er ihn und hielt ihn fest, bis Polizist Eilig ihn ins Kittchen abführte.

Außerdem versucht Egon, so brav wie möglich zu sein.

Halt still, Egon!

Das gelingt nicht immer. Als er in eine Matschpfütze fiel, lief er triefend vor Dreck über Frau Knolles Teppiche.

Ärgerlich steckte sie ihn in die Wanne. Daß er im Wasser so glitschig wurde, dafür konnte er wirklich nichts.

Wenn Großmutter Knolle zu Besuch kommt, hilft er ihr beim Äpfelschälen.

Sie backt nämlich fabelhafte Apfelkuchen.

Er spielt gerne »Wer hängt dem Esel den Schwanz an?«. Das Spiel hat er sich aus dem Buch »Mein allerschönstes Buch für Regentage« ausgeschnitten. Sieht er nicht komisch aus, wenn seine Freunde *ihm* den Schwanz angeheftet haben?

Er denkt fast immer daran, höflich zu sein. Dann bedankt er sich, wenn er vom Spielen bei seinen Freunden wieder nach Hause geht, und vergißt auch nicht, der Mutter des Freundes auf Wiedersehen zu sagen.

Kranken Freunden schickt er Karten und besucht sie.

Er war auch schon auf dem Mond. Dank seiner Hilfe kehrte das Raumschiff heil zur Erde zurück, und er bekam einen Orden dafür.

Einmal brannte es. Natürlich war Egon sofort zur Stelle. Zusammen mit Feuerwehrmann Rauchig rettete er Ulrich aus dem brennenden Haus.
Das war aufregend!

Abends geht Egon sofort zu Bett, wenn man es ihm sagt. Manchmal muß man es allerdings zweimal sagen. Im Bett schläft immer sein Puppen-Egon neben ihm.

Möchtest du auch so einen Puppen-Egon ins Bett mitnehmen? Kein Problem, du kannst ihn dir machen! Auf den nächsten Seiten steht die Anleitung.

Der Puppen-Egon

Hierfür brauchst du vielleicht ein wenig Hilfe von jemandem, der nähen kann. Du kannst deinen Egon von Hand oder mit der Nähmaschine nähen. Mit der Nähmaschine mußt du vorsichtig umgehen. Paß auf, daß du dich mit Schere und Nadeln nicht schneidest oder stichst.
Stoff: Für die Hauptteile brauchst du rotbraunen, blauen und grünen Filz. Den bekommst du in Stücken im Kaufhaus oder im Bastelladen. Stücke von 20 x 25 Zentimetern haben die richtige Größe für dich. Wenn es den Filz nicht in Stücken gibt, laß dir 25 Zentimeter von jeder Farbe vom Meter abschneiden.

1. Auf Seite 103 ist das Schnittmuster. Schneide alle Teile dem Rand entlang aus.

2. Stecke die Schnittmusterteile mit Stecknadeln jeweils auf Filz von der gleichen Farbe des Musters. Wenn »2 x zuschneiden« dasteht, mußt du den Filz zuvor falten, damit er doppelt liegt. Schneide den Filz den Schnittmustern entlang aus. Du kannst die festgesteckten Schnittmuster auf dem Filz auch mit dem Bleistift umfahren und dann der Bleistiftlinie entlang ausschneiden. Mach es bei Augen und Pupillen auf jeden Fall so.

3. Übertrage die gestrichelten Stepplinien vom Muster auf den Filz. Dazu legst du ein Kohlepapier mit der Kohleseite nach unten zwischen Schnitt und Filz und fährst die Linien mit dem Kugelschreiber nach. Drück ein bißchen. Bei zwei Lagen Filz muß ein zweites Kohlepapier mit der Kohleseite nach oben ganz zuunterst liegen. Zieh die Stecknadeln raus, wenn das alles gemacht ist.

4. Nimm ein Kopfteil und ein Hosenteil. Lege sie, mit der rechten Stoffseite nach innen, aufeinander. Die rechten Seiten sind die Seiten ohne Stepplinienstriche. Nähe beide Teile zusammen. Schneide dort, wo du genäht hast, die Naht zurück (siehe Bild 5). Jetzt das gleiche mit dem anderen Kopf- und Hosenteil.

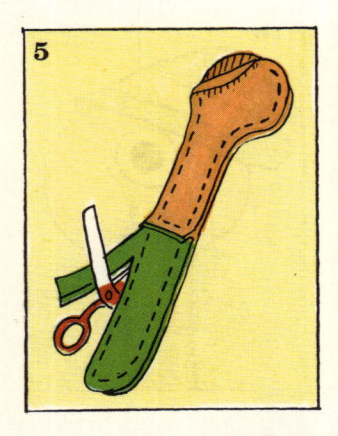

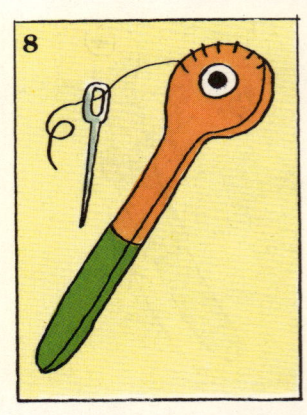

5. Mit den rechten Stoffseiten nach innen werden beide Egonhälften zusammengenäht. Am Kopf bleibt ein kurzes Stück offen. Die Nähte zurückschneiden.

6. Jetzt wendest du Egon, damit die rechte Seite nach außen kommt.

7. Mit Leim klebst du Augen und Pupillen dorthin, wo du dir beim Zuschneiden ein Zeichen gemacht hast.

8. Egon wird gestopft. Die Stopfwatte stößt du am besten mit einem Kochlöffelstiel im Körper fest zusammen. Schneide den Filz an der offenen Stelle etwas zurück und nähe die Öffnung zu.

Sonstiges: Außerdem brauchst du Restchen von weißem, schwarzem, rotem, braunem und gelbem Filz; 4 kleine Knöpfe; ein Federchen; Nähfaden für die Innennähte; roten, braunen und grünen Faden für die Außennähte. Zum Stopfen Acrylwatte, ein Pfundpaket ist mehr als genug.

Werkzeug: Stoffschere, Nadel, Stecknadeln, Bleistift, Kohlepapier (oder Schneiderpapier), Kugelschreiber (oder Schnittmusterrädchen), Weißleim (oder Stoffleim), breiter schwarzer Filzstift.

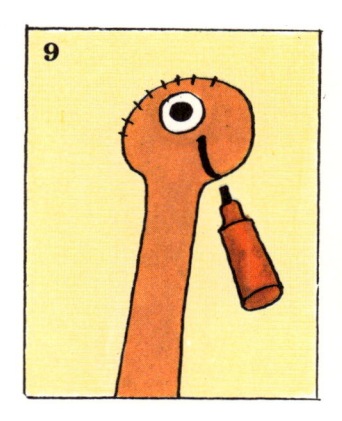

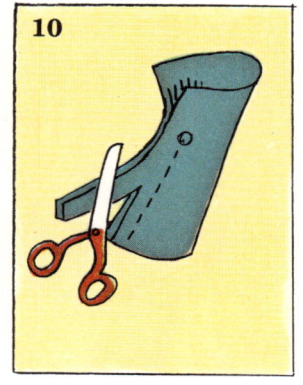

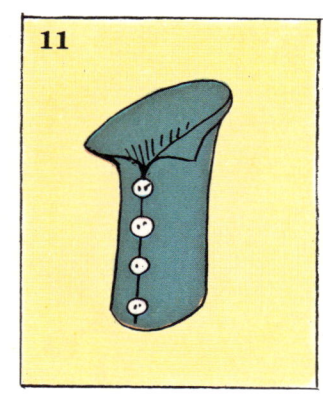

9. Male Egons Mund, nimm das Schnittmuster als Vorlage.

10. Falte das Jackenteil halb zusammen. Nähe es der Stepplinie entlang bis zum schwarzen Punkt zu. Schneide die Naht zurück, auch bei dem kleinen Stück, das du nicht zusammengenäht hast.

11. Wende die Jacke und nähe die Knöpfe vorne auf die Naht. Über das oberste Knöpfchen kommt die Fliege.

12. Die Fliege schneidest du aus einem Stückchen roten Filz zu. Sie ist 3 cm lang und 1½ cm breit. Umwickle sie in der Mitte mit rotem Faden und nähe sie an der Jacke fest.

13. Zieh deinem Egon die Jacke an.

14. Nähe die Schuhteile mit braunem Faden zusammen, lasse sie aber oben offen. Schneide die Naht zurück und lasse den Schuh, wie er ist, wende ihn also nicht. Zieh ihn Egon an und nähe ihn etwas fest, damit Egon ihn nicht verliert.

15. Lege die rechten Seiten des Hutes nach innen, nähe mit grünem Faden, schneide die Nähte zurück und wende den Hut. Für das Hutband schneide aus gelbem Filz ein Streifchen von 6½ cm Länge. Lege die Enden gut ½ cm übereinander und leime sie zusammen. Wenn der Leim trocken ist, streifst du das Band über den Hut.

16. Klebe die Feder zwischen Hut und Band, nähe das Band mit ein paar winzigen Stichen fest, klappe den Rand des Hutes hinten hoch und setz ihn deinem Egon auf. Fertig!

Jetzt hast du deinen eigenen Egon, wie findest du das?

EGON ZUM AUSMALEN

Offen lassen, hier wird Egon gestopft

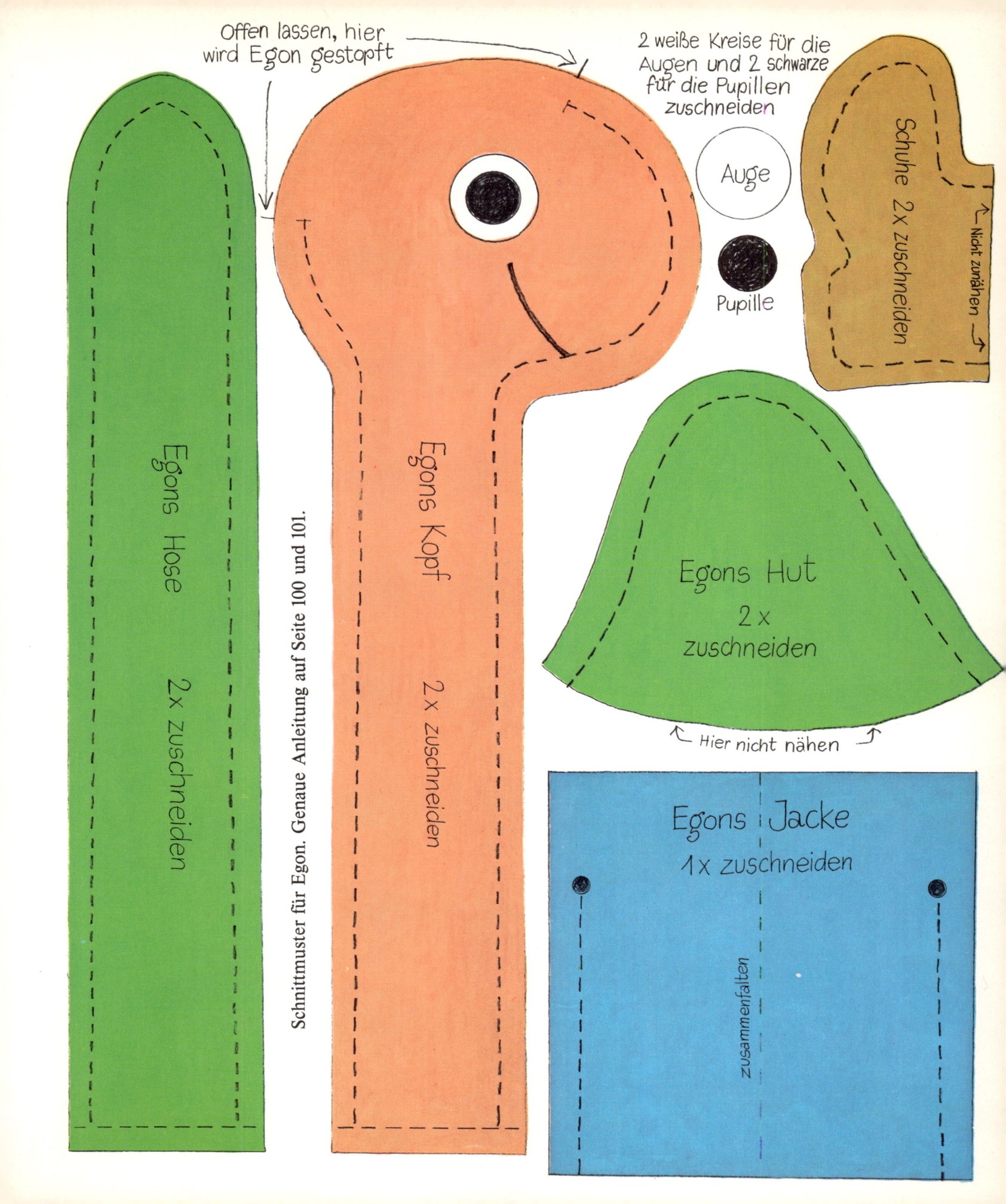

2 weiße Kreise für die Augen und 2 schwarze für die Pupillen zuschneiden

Auge

Pupille

Schuhe 2x zuschneiden — Nicht zunähen

Egons Hose 2x zuschneiden

Schnittmuster für Egon. Genaue Anleitung auf Seite 100 und 101.

Egons Kopf 2x zuschneiden

Egons Hut 2x zuschneiden
← Hier nicht nähen →

Egons Jacke 1x zuschneiden

zusammenfalten

Schneide das Schnittmuster lieber auf der Vorderseite aus.

104

Mimmi Maus

Mimmi Maus ist ein patentes Mädchen.

Sie streicht ihr Haus selbst an.

Sie repariert kaputte Wasserleitungen.

Sie repariert Autos.

Sie fährt den Schulbus.

Wenn es darauf ankommt, löscht sie mutig brennende Häuser.

Das macht sie alles sehr gern, aber am liebsten . . .

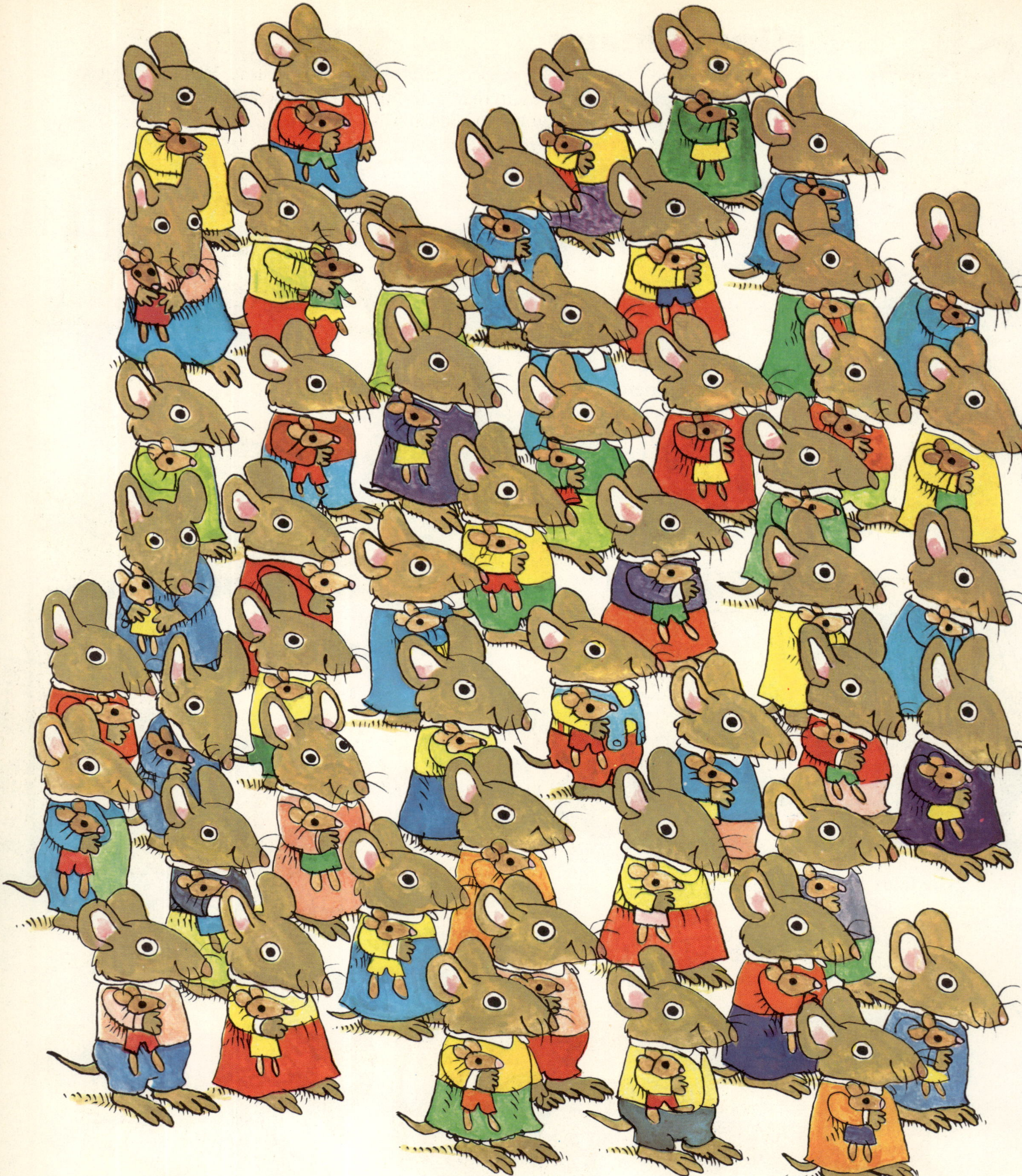

... näht sie Puppen für ihre Freunde!

Sie zeigt dir gerne, wie man so eine Mimmi Maus-Puppe macht, wenn du eine haben möchtest. Auf den nächsten beiden Seiten hat sie die Anleitung für dich.

Hab ich auch wirklich niemanden vergessen?

So nähst du dir deine Mimmi Maus

Auch hierfür brauchst du vielleicht ein wenig Hilfe von jemandem, der nähen kann. Deine Mimmi kannst du von Hand oder mit der Nähmaschine nähen. Geh mit der Nähmaschine vorsichtig um und paß auf, daß du dich mit Schere und Nadeln nicht schneidest oder stichst.
Du brauchst für die Hauptschnitteile gelben und hellbraunen Filz. Filz bekommst du in Stücken im Kaufhaus oder Bastelladen. Wenn die Stücke etwa 20 x 25 Zentimeter groß sind, haben sie die richtige Größe für dich. Andernfalls laß dir 25 Zentimeter der beiden Farben vom Meter abschneiden.

1. Schneide das Schnittmuster auf Seite 111 dem Rand entlang aus.

2. Lege die Schnitteile für Augen, Nase, Schwanz und Henkel auf Filz von der gleichen Farbe der Muster. Umfahre jedes Teil mit Bleistift. Wenn es heißt »2 x zuschneiden«, lege neu auf und umfahre noch einmal. Schneide den Filz auf den Bleistiftlinien aus.
Alle anderen Schnitteile steckst du mit Stecknadeln auf doppeltgelegten Filz von der gleichen Farbe der Muster. Schneide den Filz entlang der Schnittmusterkanten aus. Wenn es »4 x zuschneiden« heißt, legst du das Schnittmuster noch einmal auf den gleichen doppelten Filz, steckst fest und schneidest wieder aus.

3. Übertrage die gestrichelten Stepplinien vom Muster auf den Filz. Dazu legst du ein Kohlepapier mit der Kohleseite nach unten zwischen Schnitt und Filz, ein zweites Kohlepapier mit der Kohleseite nach oben unter die zweite Lage Filz und fährst mit einem Kugelschreiber nach. Drücke etwas. Bei den Kopfteilen übertrage auch alle Zeichen. Zieh die Stecknadeln raus, wenn du damit fertig bist.

4. Nähe beide Kopfteile mit hellbraunem Faden zusammen, laß am Hals offen (siehe Bild 4). Schneide die Naht zurück wie auf Bild 5 von Seite 100. Verfahre mit Ohren, Ärmeln, Händen und Füßen wie mit dem Kopf, nimm immer passenden Faden. Wende die Teile *nicht*.

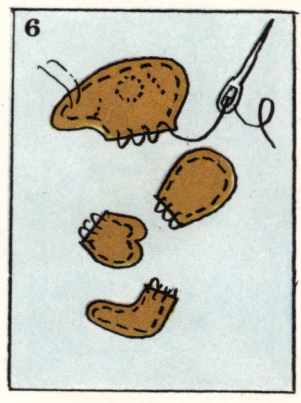

5. Die Schnurrhaare: Fädle schwarzen Faden ein, mache einen Knoten an einem Ende. Stich am Kopf dort von innen nach außen, wo du dir die Punkte vom Schnitt auf den Filz übertragen hattest. Den Faden schneidest du so ab, daß 1 cm stehenbleibt. Jetzt wiederholst du das Ganze, bis Mimmi mindestens vier Schnurrhaare hat.

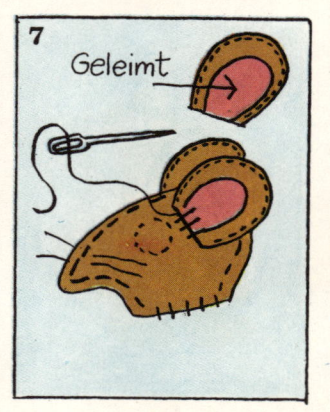

6. Stopfe Ohren, Hände, Füße und Kopf ganz leicht, sie sollen flach und weich bleiben. Nähe alle Teile zu.

7. Klebe die rosa Innenohren an die Ohren oder nähe sie fest. Nähe die Ohren am Kopf an.

8. Klebe die Pupillen auf die Augen und die Augen auf den Kopf.

Außerdem sind rosa, weiße, schwarze und dunkelbraune Filzreste nötig, ferner ein winziges Sträußchen künstlicher Blumen sowie gelber, brauner, schwarzer und weißer Nähfaden. Zum Stopfen nimm Acrylwatte, ein Pfundpaket davon ist mehr als genug.

Dein Handwerkszeug sind Stoffschere, Nadel, Stecknadeln, Bleistift, Kohlepapier (oder Schneiderpapier), Kugelschreiber (oder Schnittmusterrädchen), Weißleim (oder Stoffleim), ein breiter schwarzer Filzstift.

9. Klebe auf jede Seite vom Kopf ein Nasenteil. Male den Mund mit schwarzem Filzstift.

10. Nähe mit gelbem Faden die Seitennähte des Kleides zusammen, laß aber an der einen Seite ein kleines Stückchen offen. Hier hinein kommt später der Schwanz. Die Nähte schneidest du zurück. Schiebe den Kopf in die Halsöffnung, stecke ihn mit Stecknadeln fest und nähe das Kleid der Stepplinie entlang an den Hals. Wenn es geht, schneide wieder die Naht zurück.

11. Stopfe das Kleid, aber nur ganz leicht. Stecke mit Stecknadeln die Füße dort an, wo auf dem Schnitt die Zeichen waren. Wenn die Füße richtig sitzen, nähst du das Kleid unten zu. Jetzt sind auch gleich die Füße festgenäht.

12. Stopfe die Ärmel auch nur leicht. Stecke die Hände in die Ärmel und nähe sie daran fest. Stecke die Ärmel mit Stecknadeln bei den Schultern an das Kleid, auf jeder Seite einen. Nähe sie mit ein paar Stichen fest.

13. Nähe den Kragen hinten zusammen, schneide die Naht zurück und lege ihn so um Mimmis Hals, daß man die Naht nicht sieht. Nähe ihn mit weißem Faden am Hals fest.

14. Am Kleid hattest du ein Stück Naht für den Schwanz offen gelassen. Schiebe ihn zwischen die Stofflagen und nähe ihn mit gelbem Faden fest.

15. Nähe den Korb zusammen, wende ihn und befestige den Henkel mit ein paar Stichen oder etwas Leim.

16. Jetzt mußt du nur noch die Blümchen in den Korb nähen oder kleben, und dann ist deine Mimmi Maus fertig!

Falls noch Bleistiftstriche zu sehen sind, radiere sie aus oder reibe sie vorsichtig mit einem feuchten Tuch weg.

MIMMI MAUS ZUM ANMALEN

Augen und Pupillen 2x zuschneiden

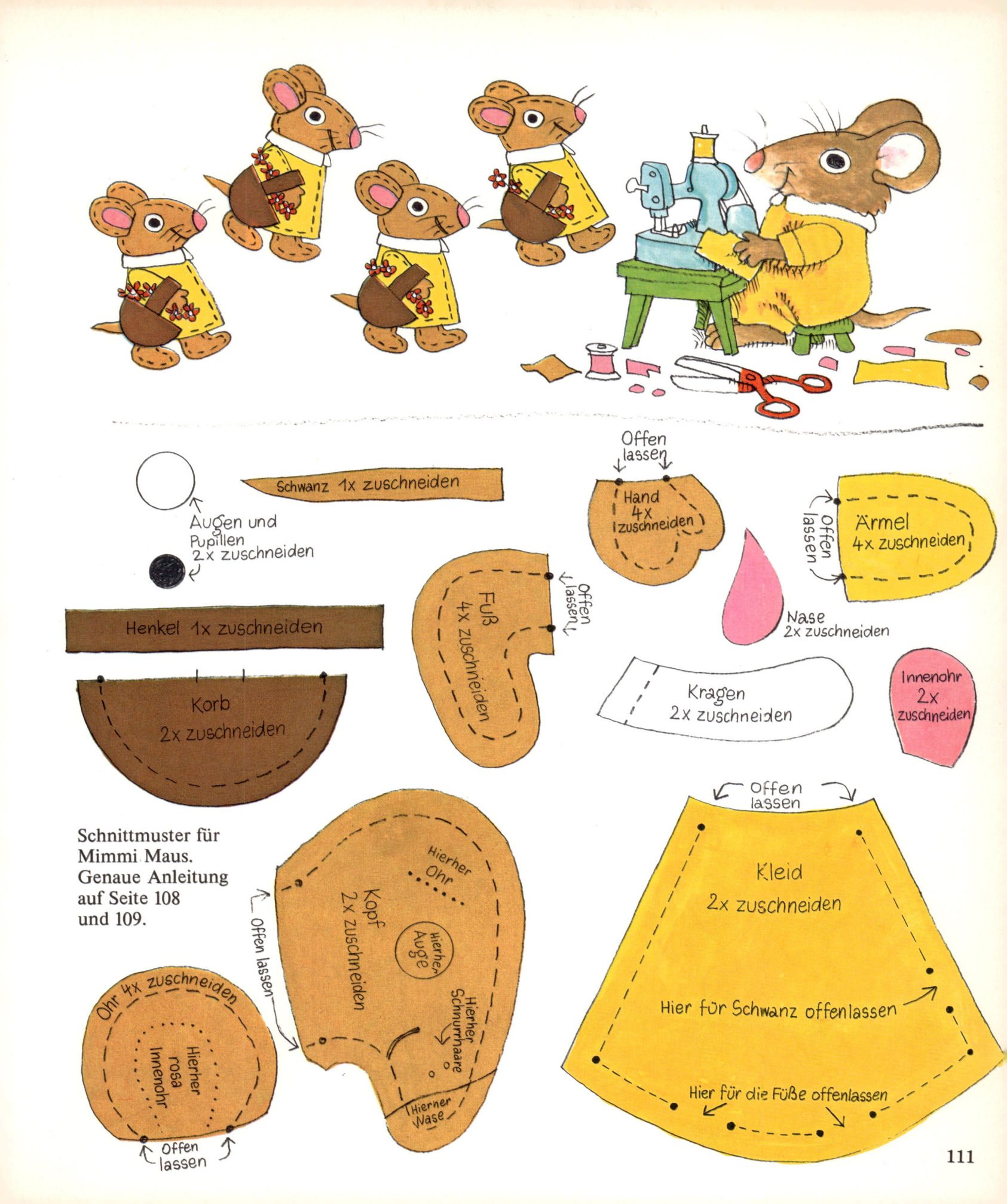

Schwanz 1x zuschneiden

Offen lassen
Hand 4x zuschneiden

Offen lassen
Ärmel 4x zuschneiden

Henkel 1x zuschneiden

Offen lassen
Fuß 4x zuschneiden

Nase 2x zuschneiden

Korb 2x zuschneiden

Kragen 2x zuschneiden

Innenohr 2x zuschneiden

Schnittmuster für Mimmi Maus. Genaue Anleitung auf Seite 108 und 109.

Hierher Ohr

Offen lassen

Kopf 2x zuschneiden

Hierher Auge

Hierher Schnurrhaare

Hierher Nase

Ohr 4x zuschneiden

Hierher rosa Innenohr

Offen lassen

Offen lassen
Kleid 2x zuschneiden

Hier für Schwanz offenlassen

Hier für die Füße offenlassen

Schneide das Schnittmuster lieber auf der Vorderseite aus.

Hier stellt dir Herr Ferk zwei Detektive vor. Es sind Talbot und Spitzl. Gemeinsam lösen sie jeden Fall, auch wenn er noch so schwierig ist. Du kannst sie anmalen, wenn du willst.

Eine Handpuppe

Wenn du Lust hast, kannst du dir noch etwas nähen. Du mußt dir nur ein Stück braunen Filz, 25 x 30 Zentimeter groß, besorgen; ferner Stücke von gelbem und blauem Filz, 10 x 12 Zentimeter groß; Reste von schwarzem Filz; Perlgarn in Rosa, Rot und Schwarz; Nähfaden in Hellbraun und Schwarz; Bleistift, Kohlepapier, Kugelschreiber, Schere, Nadeln, Stecknadeln, Leim.

1. Schneide den Schnitt auf Seite 115 aus. Lege alle Teile auf Filz von der gleichen Farbe des Musters (bei Braun auf doppeltgelegten Filz), umfahre die kleinen Teile mit Bleistift, stecke die großen mit Stecknadeln fest. Schneide den Filz aus.

2. Lege Kohlepapier zwischen Schnitt und obere Filzlage, fahre mit Kugelschreiber der Stepplinie (gestrichelt) und allen anderen Zeichen nach. Entferne Schnitt und Nadeln.

3. Klebe die Pupillen auf die Augen und Augen und Nase aufs Gesicht. Sticke mit schwarzem Garn die Striche bei den Augen. Mache mit rosa Garn eng beieinanderliegende Stiche für die Nasenspitze und mit rotem Garn für die Zunge. Für Brauen und Schnurrhaare fädelst du doppelt ein, machst am Ende einen Knoten, ziehst den Faden von hinten nach vorn (an den vom Schnitt übertragenen Stellen) und schneidest ihn so ab, daß immer gut 1 cm stehenbleibt.

4. Nähe beide Körperteile mit braunem Faden der Stepplinie entlang zusammen. Unten läßt du offen, das Gesicht ist außen, siehe Bild.

5. Lege bei Hemd A den Kragen um, nähe oder leime ihn fest. Klebe Hemd A auf den Körper.

6. Hemdteil B machst du wie A. Vorne muß B etwas über A liegen.

7. Klebe die Hosen über den Körper und oben über das Hemd.

8. Schneide oder mache mit einem Locher 8 Punkte aus schwarzem Filz, klebe sie auf die Pfoten, siehe Bild. 4 Kreise aus gelbem und 4 aus blauem Filz sind die Knöpfe, die du auf Hemd und Hose leimst. Mit schwarzem Garn stickst du die Krallen an die Füße und nähst rund um die Ohren, siehe Bild.

Steck die Hand hinein – und schon ist die Puppe lebendig! Sieht sie nicht wie Ulrich Knolle aus?

Auge 2x zuschneiden

Pupille 2x zuschneiden

Schnäuzchen

Puppenkörper
2x zuschneiden

Ganz offen lassen

Hose C

Hemd A Kragen umschlagen

Hemd B Kragen umschlagen

115

Schneide das Schnittmuster lieber auf der Vorderseite aus.

116

Autos, Autos!

Diese Seite und die Seiten 119, 121 und 123 sind voller Autos zum Ausschneiden für dich! Du weißt ja schon: entlang den schwarzen Linien schneiden, gestrichelte Linien falzen, Laschen nach innen leimen oder mit Klebband festkleben.

Da gibt es Käferbusse, Apfelautos, Eierwagen . . .

... Postautos, Kürbiswagen und noch andere mehr!

Schneide die Autos lieber auf der Vorderseite aus.

Düt-Düt!

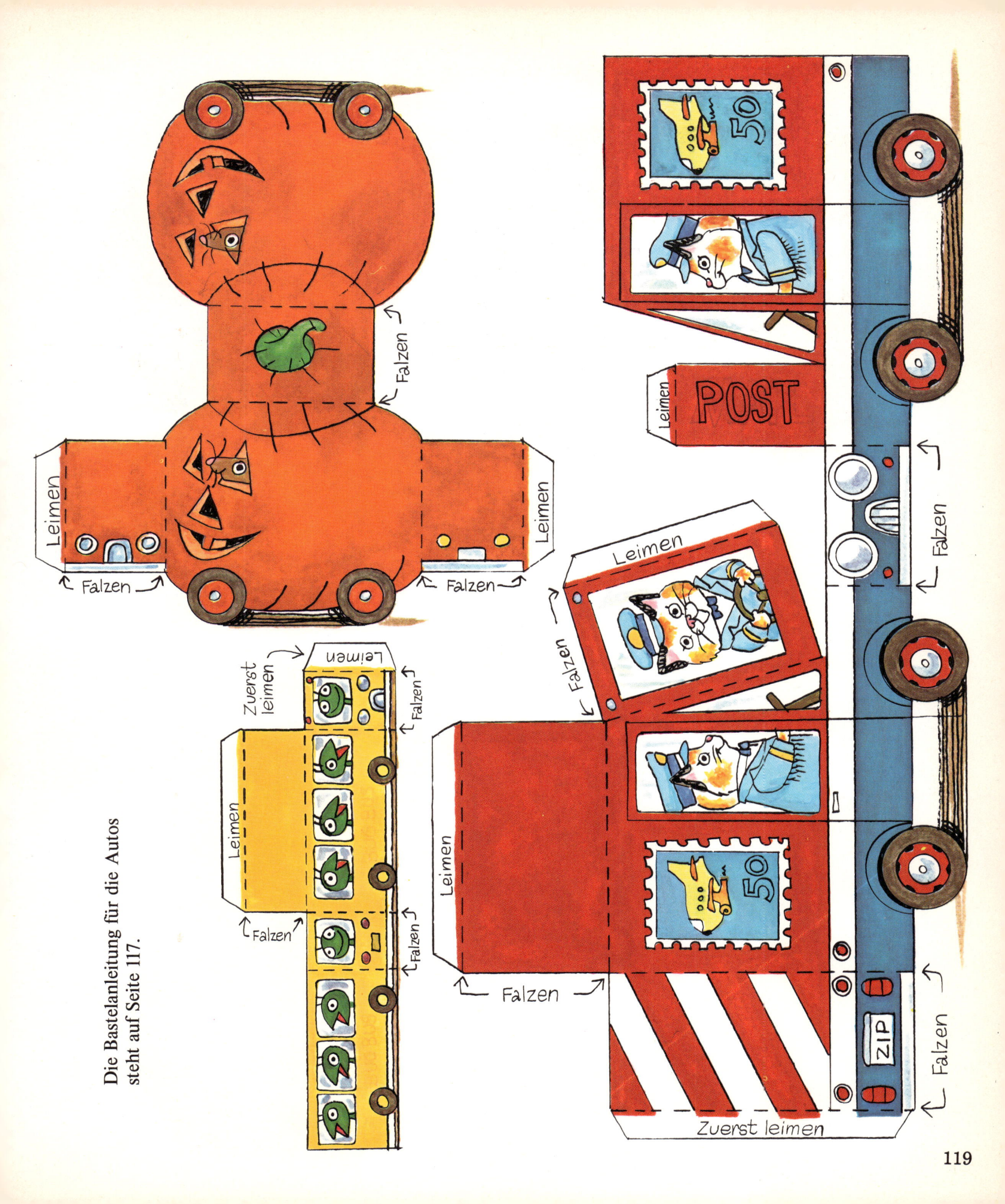

Die Bastelanleitung für die Autos steht auf Seite 117.

Schneide die Autos lieber auf der Vorderseite aus.

Die Anleitung zum Autobau steht auf Seite 117.

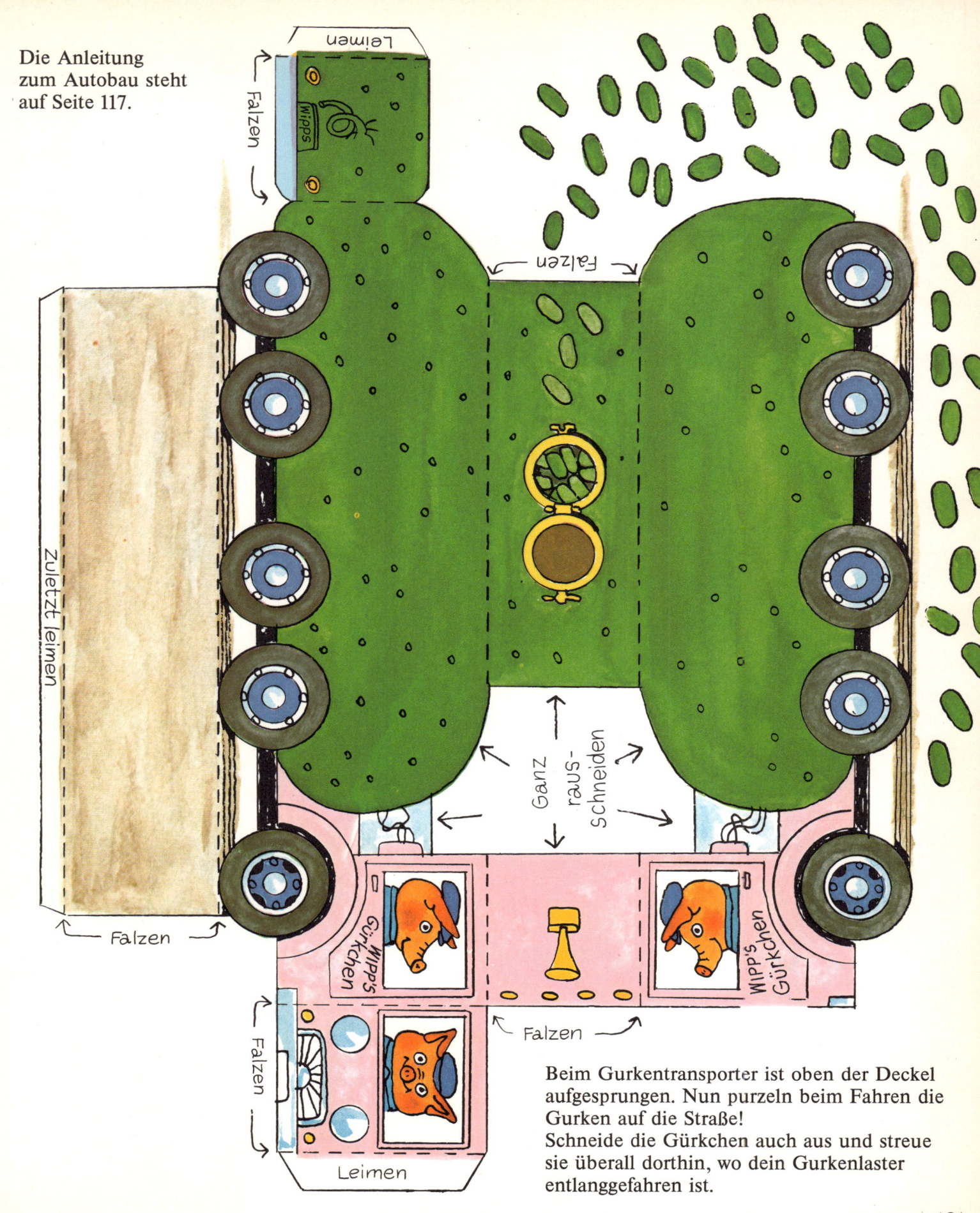

Leimen
Falzen
Falzen
Zuletzt leimen
Ganz rausschneiden
Falzen
Wipp's Gürkchen
Wipp's Gürkchen
Falzen
Falzen
Leimen

Beim Gurkentransporter ist oben der Deckel aufgesprungen. Nun purzeln beim Fahren die Gurken auf die Straße!
Schneide die Gürkchen auch aus und streue sie überall dorthin, wo dein Gurkenlaster entlanggefahren ist.

121

Schneide das Auto lieber auf der Vorderseite aus.

Die Anleitung zum Autobau steht auf Seite 117.

123

Schneide die Autos lieber auf der Vorderseite aus.

Fingerpuppenspiel

Kennst du Fingerpüppchen? Auf Seite 127 sind welche zum Ausschneiden. Du kannst alleine damit spielen oder jemandem welche abgeben, dann spielt ihr zu zweit, zu dritt oder zu noch mehreren. Ihr denkt euch Geschichten aus, die in einem Laden oder auf der Straße oder sonstwo spielen. Wenn ihr wollt, könnt ihr die Häuser von Seite 39, 41 und 43 als Kulissen nehmen.

Wenn euch aber auf Anhieb nichts einfällt, könntet ihr erst einmal die folgenden Szenen aus einem Krämerladen spielen.

1. Szene. Kaufmann Knolle beklagt sich bei Egon, daß ihm ständig jemand Bananen klaut. Er regt sich auf. Egon will ihm helfen. Er versteckt sich in den Äpfeln, damit er den Dieb unbemerkt beobachten kann. Kaufmann Knolle ist damit einverstanden und geht wieder in den Laden.

2. Szene. Frau Grunz, Frau Hasenfuß und die dicke Hilda kommen in den Laden und kaufen ein. Sie haben viel zu reden dabei. Ulrich hilft dem Vater beim Bedienen und fragt nach ihren Wünschen. Egon beobachtet alle gut aus seinem Versteck.

3. Szene. Frau Grunz hat Egon entdeckt und schwatzt mit ihm. Da betritt Bananenbobby den Laden. Egon paßt nicht auf – schon wieder verschwinden Bananen! (Steck die ausgeschnittenen Bananen in Bobbys Armschlitz.)

4. Szene. Egon merkt endlich, daß die Bananen weg sind. »Haltet den Dieb!« brüllt er. Alle rennen auf die Straße und sehen, wie der Dieb um die Ecke flitzt.

5. Szene. Polizist Eilig hat den Schrei gehört und eilt herbei. An der Ecke rennt ihn jemand mit einem Bananenbüschel im Arm um. Polizist Eilig fällt hin und ruft um Hilfe.

Haltet den Dieb!

6. Szene. Alle rennen hinter dem Dieb her.
Endlich kriegen sie ihn, es ist natürlich Bananenbobby.

7. Szene. Dankbar lädt Herr Knolle alle zu Bananensaft und Bananentörtchen ein. Auch Bobby bekommt etwas ab, bevor Polizist Eilig ihn ins Gefängnis abführt. Ob Bobby endlich einmal lernt, daß man nicht stehlen darf?
Ende!

Anleitung für die Fingerpüppchen

1. Schneide die Fingerpüppchen auf der nächsten Seite aus. Aber Vorsicht, laß den Kopf dran! Passiert trotzdem ein Unglück, mußt du den Kopf mit Klebband wieder ankleben.
2. Biege beide Seiten des Püppchens rund nach hinten und klebe sie mit Klebband übereinander, wie du es links siehst.

3. Steck dir die Püppchen auf die Finger und laß sie miteinander sprechen. Bewegst du die Finger, dann bewegen sich auch die Püppchen.

4. Wenn du dich hinter einen Tisch oder einen Stuhl kauerst und nur deine Hände mit den Puppen drüberschauen, dann sieht es wirklich so aus, als bewegten sich deine Püppchen von alleine und könnten sprechen.

Ulrich Knolle

Polizist Eilig

Egon

Die dicke Hilda

Beim roten Strich einschlitzen

Bananen in den Schlitz stecken

Kaufmann Knolle

Bananenbobby

Frau Grunz, eine Kundin

Frau Hasenfuß, eine Kundin

127

Schneide die Fingerpuppen lieber auf der Vorderseite aus.

128

Herbert hilft dem Osterhasen

Poch! Poch! klopft es bei Frau Hasenfuß an die Tür. Sie öffnet, und draußen steht der Osterhase.
»Ich brauche Hilfe beim Schokoladenosterhasenmachen«, sagt der Osterhase.

»Ich frage meinen Herbert, ob er dir helfen will«, erwidert Frau Hasenfuß und ruft ihren Sohn.
Natürlich hilft Herbert. Er verspricht der Mutter einen Schokoladenhasen und winkt ihr zum Abschied.

Es ist wirklich viel zu tun. Herbert und der Osterhase schmelzen große Schokoladenblöcke über dem Feuer. Die flüssige Schokolade gießen sie in die Schokoladenhasenformen.

Es spritzt, wenn Herbert die Schokolade in die Formen füllt, aber das stört ihn nicht. Endlich sind alle Schokoladenhasen fertig. Der Osterhase bedankt sich bei Herbert und schenkt ihm den schönsten.

Als Herbert hereinkommt, ist die Mutter sehr überrascht. »Ja, sowas«, ruft sie. »Ich dachte, ich bekomme einen Schokoladenhasen, jetzt bekomme ich zwei!«

»Heute schmeckst du aber gut«, sagt sie zu ihm und gibt ihm einen dicken Kuß.
Und dann kommt der eine Schokoladenhase auf den Tisch und der andere in die Badewanne!

Ostereierbecher

1. Wenn du Figuren und Streifen auf der nächsten Seite ausgeschnitten hast, dann leimst du die Streifen zu Ringen zusammen. Du kannst dafür auch Klebband nehmen.

2. Hinter jeden der vier Ringe klebst du ein Figürchen. Du kannst auch hierfür Klebband nehmen.

3. So sieht der fertige Ostereierbecher von vorne aus.

4. Erbitte dir von Vater oder Mutter vier hartgekochte Eier und male sie mit Buntstiften, Wasserfarben oder Ölkreiden ganz schön an. Wenn dir wirklich selber gar kein Muster einfällt, kannst du sie so bemalen wie diese Eier hier.

5. Die angemalten Eier setzt du in deine Ostereierbecher. Fröhliche Ostern!

Osterkarten

Großeltern und Lieblingstanten freuen sich bestimmt, wenn sie zu Ostern von dir einen Gruß bekommen. Auf Seite 133 findest du passende Karten. Trenne die Seite aus dem Buch, schneide die Karten auf der durchgehenden schwarzen Linie und falte sie auf der gestrichelten Linie. 
Auf die Vorderseite schreibst du die Adresse, innen und hinten deinen Namen. Klebe sie wie hier nebenstehend mit einem Klebband zu, vergiß die Marke nicht und wirf die Karte rechtzeitig vor Ostern in den Briefkasten.

Die Enden mit Leim oder Klebeband aneinanderkleben

Leimen | Leimen | Leimen | Leimen

Die Anleitung für die Osterkarten steht auf Seite 130.

Schneide die Osterfiguren lieber auf der Vorderseite aus.

Von	An	Hierher kommt die Marke
Von	An	Hierher kommt die Marke
Von	An	Hierher kommt die Marke

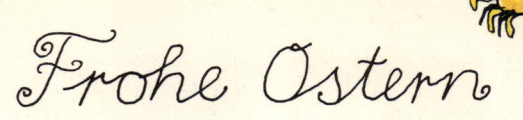

Frohe Ostern

wünscht _____

Frohe Ostern

wünscht _____

FROHE OSTERN

wünscht _____

Herr Ferk weiß es genau: Das Buch, aus dem Frau Brumm ihren Kindern immer vorliest, ist blau. Frau Brumm hat heute übrigens ihr Blümchenkleid an.

Bitte lies mir doch was vor!

Ein Fernsehfilm

Telli und Argus haben ihren Fernsehwagen abgestellt und warten darauf, daß irgend etwas passiert, was sie fürs Fernsehen filmen können. Polizist Eilig kommt vorbei. Er hält an und steigt von seinem Motorrad. »Habt ihr nicht gesehen, daß hier das Parken nicht erlaubt ist?« fragt er die beiden. »Das große Schild kann ja sogar mein Motorrad lesen!«

Wahrscheinlich hat das Motorrad verstanden, was Polizist Eilig sagte. Es setzt sich in Bewegung und rollt davon!

»Los, hinterher!« ruft Telli. »Das wird ein toller Film!«
Argus gibt Gas und braust hinterher.

Den Film kannst du dir ansehen. Lies die Anleitung auf Seite 139.

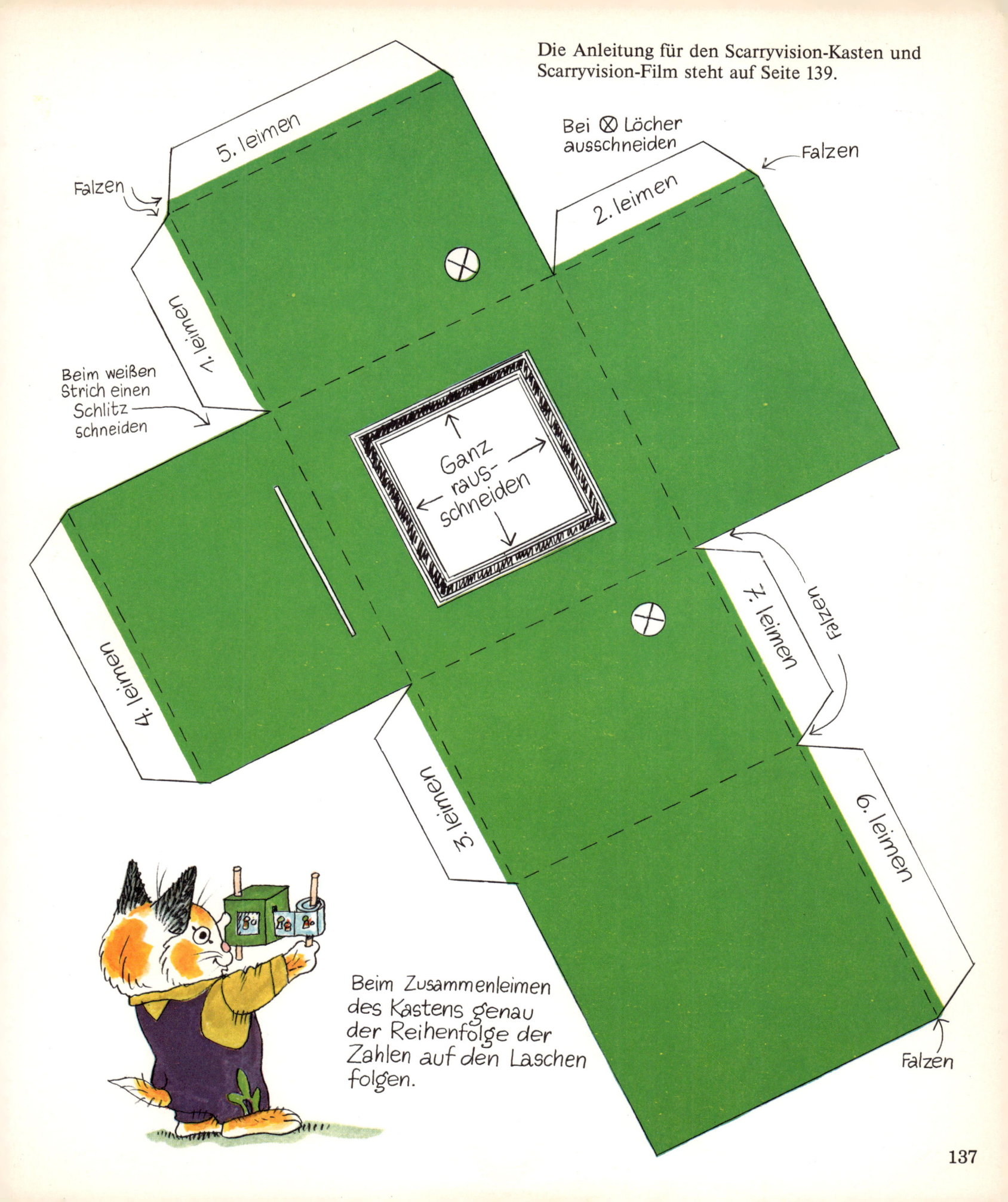

Die Anleitung für den Scarryvision-Kasten und Scarryvision-Film steht auf Seite 139.

Bei ⊗ Löcher ausschneiden

Falzen

5. leimen

2. leimen

Falzen

1. leimen

Beim weißen Strich einen Schlitz schneiden

Ganz rausschneiden

7. leimen

Falzen

4. leimen

3. leimen

6. leimen

Beim Zusammenleimen des Kastens genau der Reihenfolge der Zahlen auf den Laschen folgen.

Falzen

137

Schneide den Scarryvision-Kasten lieber auf der Vorderseite aus.

Scarryvision

1. Schneide den Kasten auf Seite 137 aus, auch Löcher, Schlitz und Bildfläche. Leime noch nichts!

2. Schneide die drei »Filmstreifen« auf dieser Seite aus und leime die Teile so aneinander, daß Teil 1 und Teil 3 den Teil 2 überlappen, siehe Skizze.

3. Schneide 2 Trinkhalme auf 15 cm Länge zurecht. Klebe das Filmende (mit der 1) in die Mitte des Trinkhalms. Wickle den Film um den Halm, wie du es auf der Skizze nebenan siehst. Lasse etwa 10 cm ungewickelt übrig.

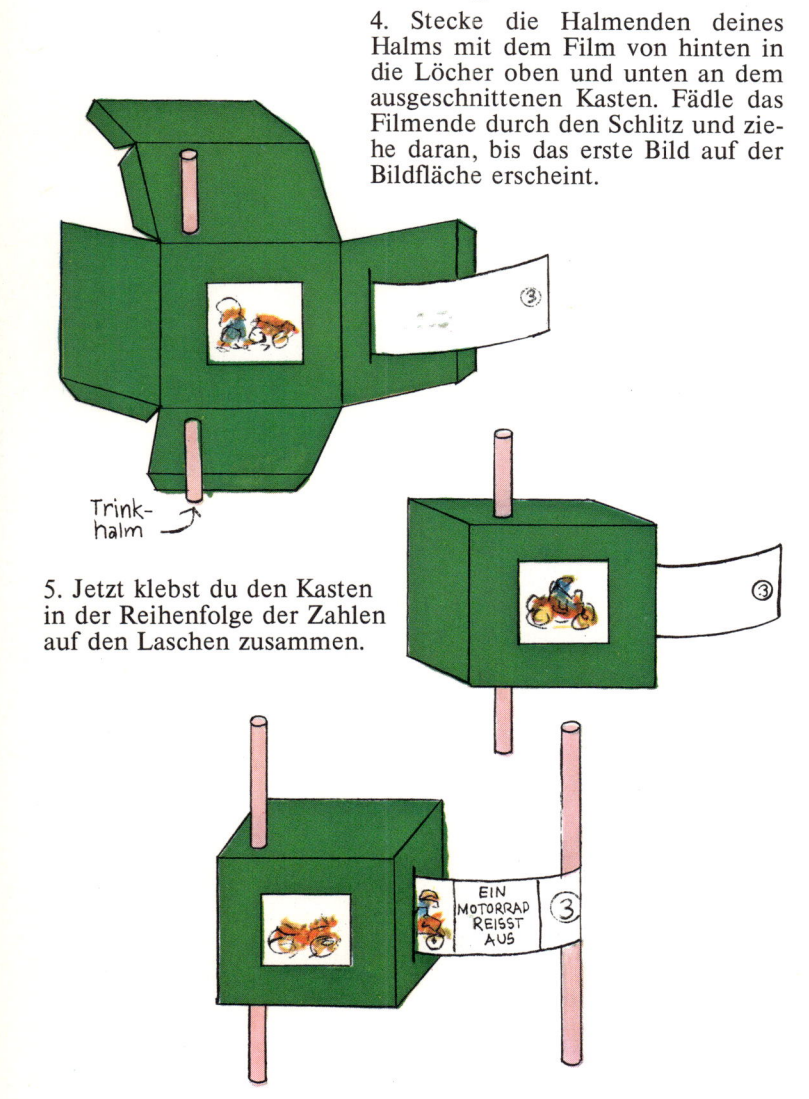

4. Stecke die Halmenden deines Halms mit dem Film von hinten in die Löcher oben und unten an dem ausgeschnittenen Kasten. Fädle das Filmende durch den Schlitz und ziehe daran, bis das erste Bild auf der Bildfläche erscheint.

Trinkhalm

5. Jetzt klebst du den Kasten in der Reihenfolge der Zahlen auf den Laschen zusammen.

6. Das Filmende, das du durch den Schlitz gezogen hattest, klebst du in die Mitte des zweiten Trinkhalmes. Wickle den Film wieder so weit in den Kasten zurück, bis das erste Bild zu sehen ist.

7. Jetzt kann der Film ablaufen. Wenn du den Außenhalm langsam zur Seite ziehst, laufen die Bilder über den Bildschirm. Ist der Film zu Ende, wickelst du ihn wieder auf und spulst ihn von neuem ab.

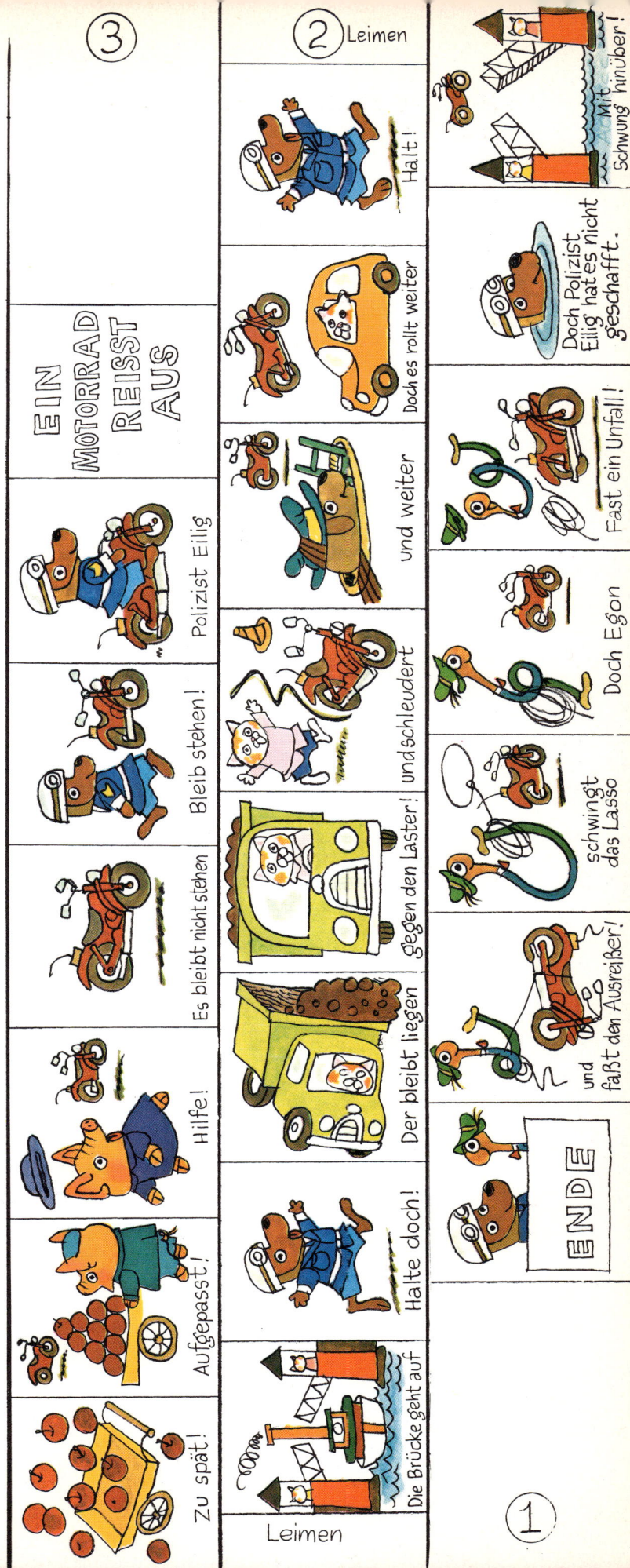

Hubschrauberhasen

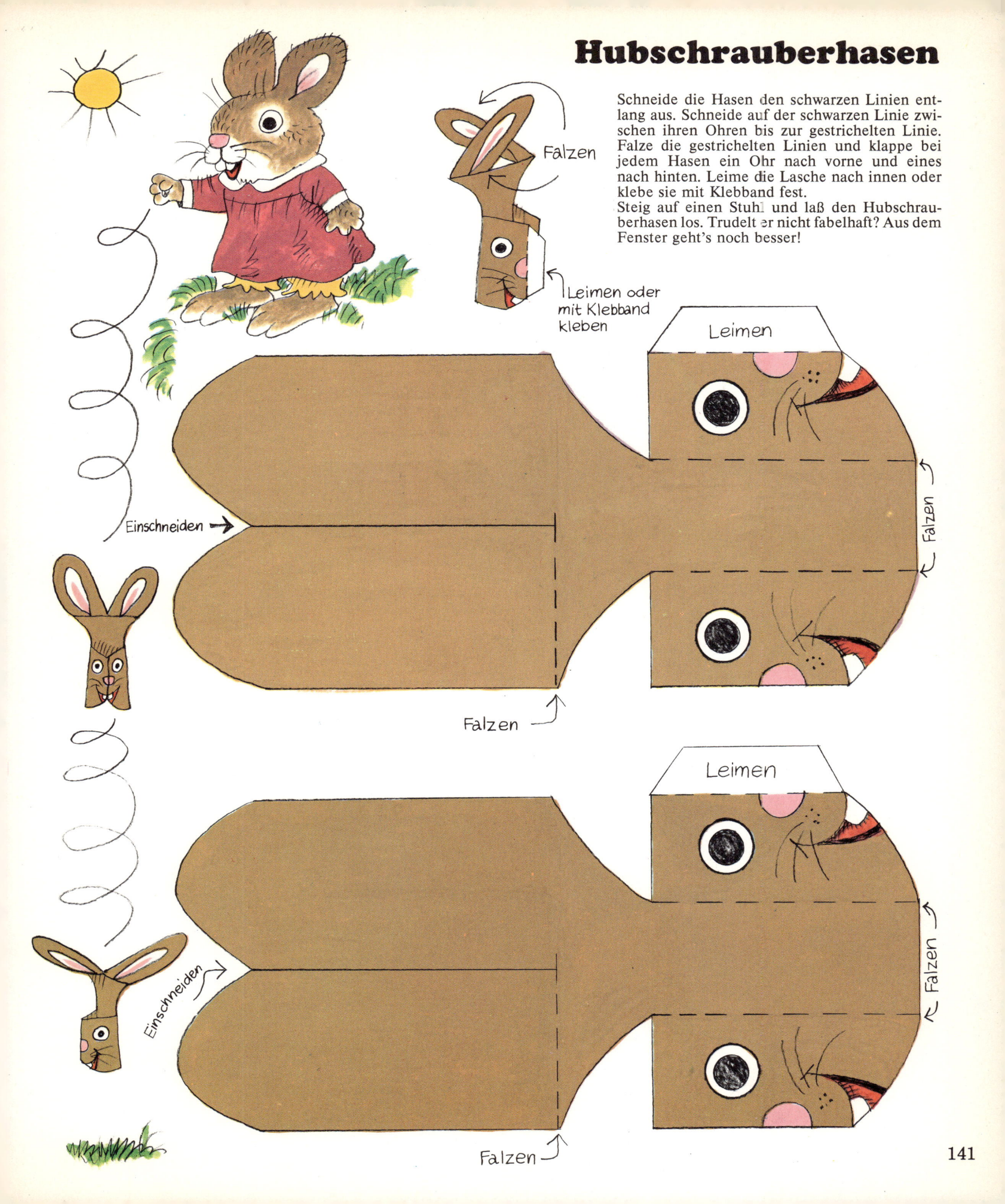

Schneide die Hasen den schwarzen Linien entlang aus. Schneide auf der schwarzen Linie zwischen ihren Ohren bis zur gestrichelten Linie. Falze die gestrichelten Linien und klappe bei jedem Hasen ein Ohr nach vorne und eines nach hinten. Leime die Lasche nach innen oder klebe sie mit Klebband fest.

Steig auf einen Stuhl und laß den Hubschrauberhasen los. Trudelt er nicht fabelhaft? Aus dem Fenster geht's noch besser!

Falzen

Leimen oder mit Klebband kleben

Leimen

Einschneiden

Falzen

Falzen

Leimen

Einschneiden

Falzen

Falzen

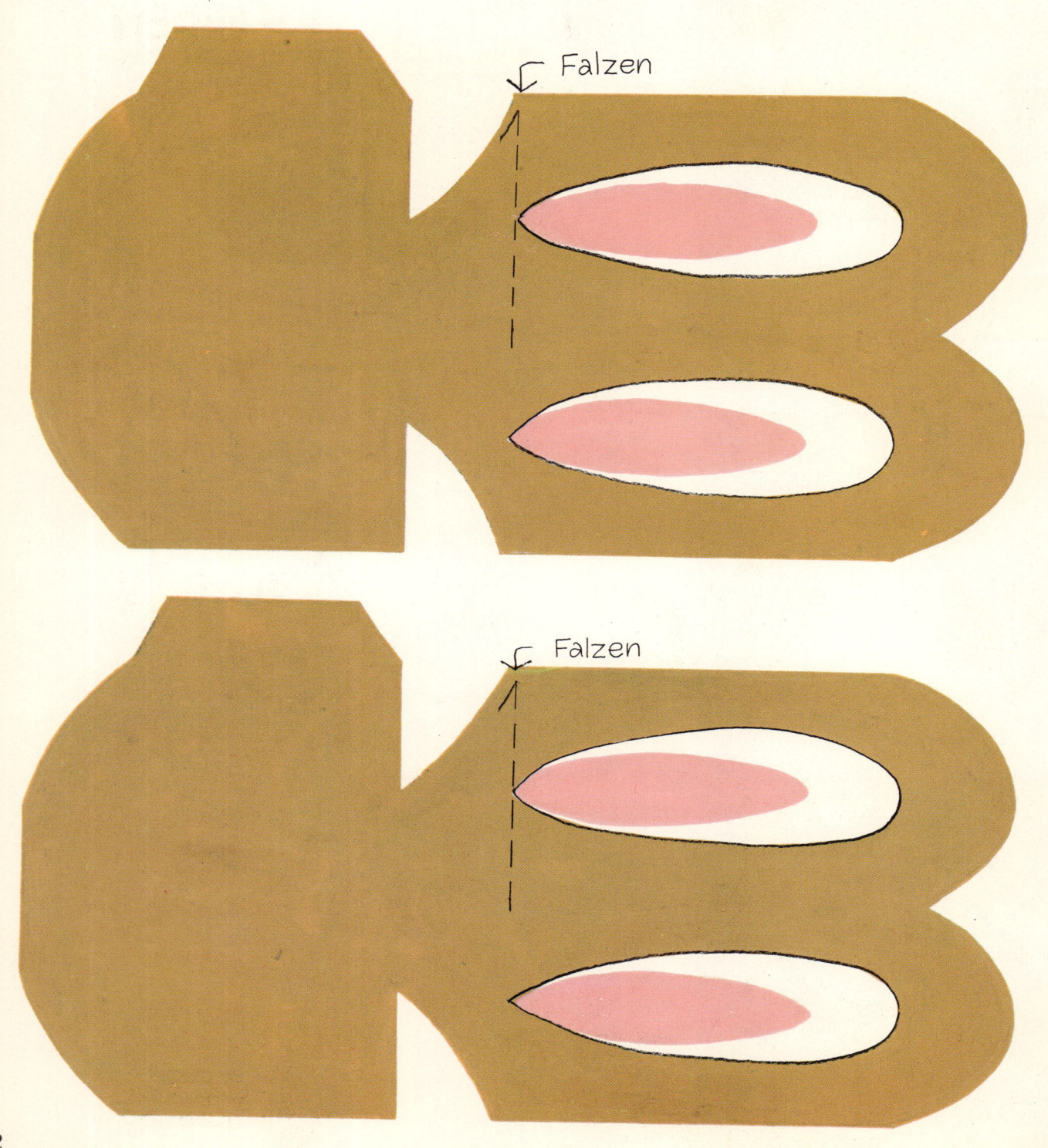

Schneide die Hasen lieber auf der Vorderseite aus.

Falzen

Falzen

Schmuck zum Selbermachen

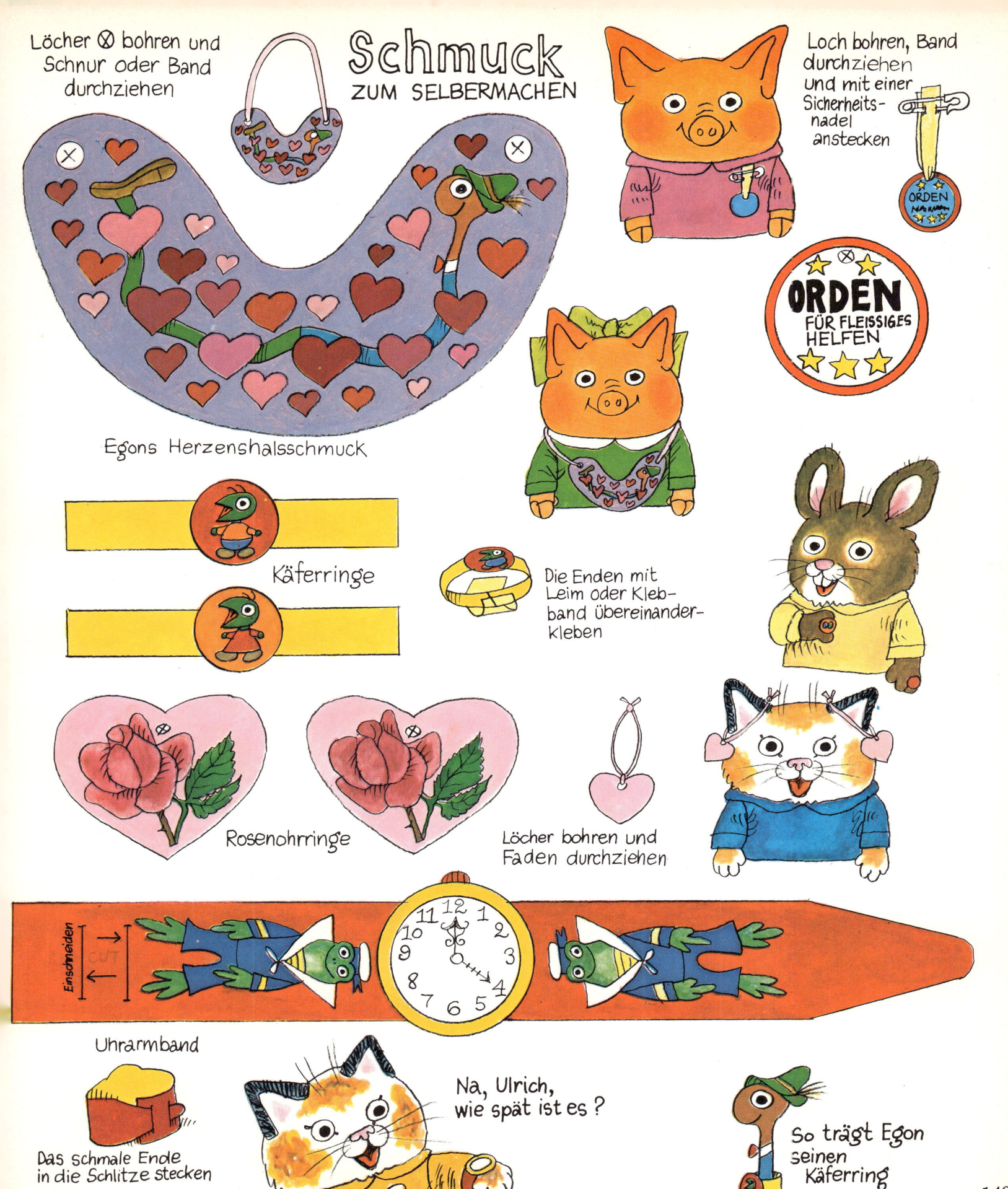

Löcher ⊗ bohren und Schnur oder Band durchziehen

Loch bohren, Band durchziehen und mit einer Sicherheitsnadel anstecken

Egons Herzenshalsschmuck

ORDEN FÜR FLEISSIGES HELFEN

Käferringe

Die Enden mit Leim oder Klebband übereinanderkleben

Rosenohrringe

Löcher bohren und Faden durchziehen

Einschneiden / CUT

Uhrarmband

Das schmale Ende in die Schlitze stecken

Na, Ulrich, wie spät ist es?

So trägt Egon seinen Käferring

Schneide den Schmuck lieber auf der Vorderseite aus.